中青年经济与管理学者文库

管理层权力、高管薪酬与企业绩效研究

——基于市场竞争的视角

王昌荣　著

中国财经出版传媒集团
中国财政经济出版社

图书在版编目（CIP）数据

管理层权力、高管薪酬与企业绩效研究：基于市场竞争的视角／王昌荣著．—北京：中国财政经济出版社，2019.4
（中青年经济与管理学者文库）
ISBN 978-7-5095-8834-5

Ⅰ．①管…　Ⅱ．①王…　Ⅲ．①企业管理-研究-中国
Ⅳ．①F279.23

中国版本图书馆 CIP 数据核字（2019）第 036825 号

责任编辑：潘　飞　　　　责任校对：李　丽

中国财政经济出版社 出版

URL：http：//www.cfeph.cn
E-mail：cfeph@cfeph.cn

社址：北京市海淀区阜成路甲 28 号　邮政编码：100142
营销中心电话：010-88191537
天猫网店：中国财政经济出版社旗舰店
网址：https：//zgczjjcbs.tmall.com
北京财经印刷厂印刷　各地新华书店经销
880×1230 毫米　32 开　6.5 印张　146 000 字
2019 年 4 月第 1 版　2019 年 4 月北京第 1 次印刷
定价：35.00 元
ISBN 978-7-5095-8834-5
（图书出现印装问题，本社负责调换）
本社质量投诉电话：010-88190744
打击盗版举报热线：010-88191661　QQ：2242791300

策划人语

题记：一个人的精神成长史，取决于他的阅读史。只有阅读能最有效地培养精神生活习惯，而好的习惯又培养性格，性格决定人生。

——我们自豪，因为我们就是创造这精神产品的人。

选择了飞翔，总能看到蓝天；选择了远航，总能感受大海。人生不仅要作出选择，也要坚持住自己的选择。学会计、当编辑是我的意外选择。人说编辑是为人做嫁衣，可是这一选择我坚持了27年，苦在其中，乐在其中，也算是有声有色。每当我把一本本好书呈献给人们的时候，我觉得我是“富贵”的人：富，不是你身上的钱财，而是你心里的满足；贵，不是你地位的显赫，而是你被人需要的程度。

书海探寻，情怀永恒

我要说，做编辑我幸运，因为我不仅是第一个读者，可以对作品“品头论足”，也可以对作品“生杀予夺”；更重要的是，这是一个很高层次的平台，在多年与名家的交往和名著的“对话”中，深深地为他们的人格和才学所感动，被作品的精彩所吸引，这不仅使我“下笔如有神”，更使我的思想和灵魂也受到一次次洗礼和震撼，得到一次次升华。对于我的作者我的书，如数家珍，作者中不乏才学和为人同样过人的多位泰斗和“颜值高责任大”的众多才子佳人；策划的作品不仅立足专业还兼顾人文，也是情怀所在，专业加人文路才会更宽。

多年的体会是，作为一名编辑，起码要“三心二意”，即“责任心、细心、耐心”和“服务意识、创新意识”。要多策划一些有分量的拳头产品，用一个选题推动一个系统工程，用一个系统工程培养一个出版社品牌。给新入职编辑讲座时我做过一个比喻：编辑两项基本功，审稿——甚至要比博导审批学生论文还要全面、细致；选题策划——要像电影导演一样做“星探”，善于发现优秀作者和挖掘好的原创作品。记不得 27 年来我策划和编辑了多少书，组织和策划了一大批教材、业务培训用书、通俗读物、理论专著等，有的获得过国家、省部级各类奖项，有的以其填补空白、社会热点、风格新颖、开拓尝试等特点受到读者的欢迎。20 世纪 90 年代我开始自主策划选题，多年来每年都有新丛书问世。比如，21 世纪初内部控制研究在国内刚兴起时，策划了《现代内部控制丛书》，其中《企业内部控制管理操作手册》是我鼓励作者将自己饱含心血的经过长期钻研和实践并证明卓有成效的成果奉献付梓，使得更多的人能受益于此，这无疑是对我国内部控制理论探索和实践发展的一种贡献，内部控制选题至今还是热点。2013 年的《来去无尘——一位财政部长的生前事》所展现的吴波精神，与深入推进党风廉政建设相得益彰，得到中央领导同志的高度重视和重要批示。中央各大主流媒体纷纷连续报道，掀起了全社会学习吴波高尚情操的热潮。2014 年至今的前沿选题《财务云丛书》等也越来越受到业界认可。

想是问题，做是答案

众所周知，目前的图书出版业在行业竞争和纸质图书受到严重冲击的情况下，出版人无不感到莫大的危机。在这种背景下，策划一套专业图书是颇感困惑的一件事，风险更大。但即使这样我们也不能因噎废食、停滞不前，还要积极应对，继续发挥纸质图书的固有特质，挖掘出版内容和形式都精彩的原创作品，适应新形势下读者的更高需求。2017 年，我们接受新的挑战，开启新的征程，又策划《中青年经济与管理学者文库》《当代税收名家丛书》《中国税务律师系列丛书》《现代管理实务丛书》《高等院校应用型会计人才精细化培养系列教材》等，继续为扶持学术研究和总结最新成果，在高端研究与专业知识普及和应用之间搭建一座座有益的桥梁。

每一个时代的经济环境不同，理论研究和实务探索所需要解决的问题也有所差别。当前我国不仅处于经济结构调整和供给侧改革的攻坚期，同时也处于大数据和互联网突飞猛进的变革期，矛盾叠加，风险交汇，市场环境和组织模式不断演变发展、推陈出新，经济、管理、财税等领域的新理论、新思想、新方法、新工具也层出不穷。乱花渐欲迷人眼，击水三千浪几何？这些领域的研究人员被时代赋予了更艰巨的责任，也面临着更高、更多元的要求，我们不仅要具备更广阔的学术视野，而且要有更严谨的学术思维。

输在犹豫，赢在行动

《中青年经济与管理学者文库》的作者，都是我国经济与管理领域的中坚力量，也是未来的大家。他们中有些人潜心从事理论研究，有些人则深耕在实务一线，但无论现实身份如何，视野全都没有被拘泥在“象牙塔”内。他们从不同视角对市场经济的不同要素进行细致审视，然后汇聚于“财经版”这面旗帜之下，相互碰撞，彼此激荡，力求在市场经济转型升级的关键时期留下最新鲜的“中国印记”。

这些经济与管理领域的中青年学者，就是我国市场经济发展的潜力与优势，他们的研究成果，不仅将引领市场经济的各个组成环节向更科学、更先进的方向发展，而且将成为我国政府和企业在未来经济世界扮演更重要角色的支点与动力。祝愿这些中青年学者能攀上更高的学术之山，走向更远的研究之路，也期待宏观、中观、微观各个层面的市场参与者都能从这套文库中得到切实的启发与指引，在全面深化改革、增强发展活力的关键时期，发挥正能量和积极作用，为经济社会发展增添新的动力！

如果您认可，如果您有意愿，欢迎您和您的朋友加盟我们的作者队伍！在中国财经出版传媒集团的“旗舰”下，中国财政经济出版社这“老字号”，一定励精图治，谱写新的篇章。我们用“龙的精神，玉的品质”来助力您实现梦想！

策划人：樊清玉

邮箱：qingyuf@ sina. com

2017 年春

摘要

企业所有权与经营权的分离，增强了企业管理的专业化，然而，随之产生的委托—代理关系，却为管理者谋取私利而牺牲股东利益，背离企业利润、股东利益最大化的经营目标提供了可能。企业管理者掌握着分配企业资源、制定企业经营决策的权力，管理层权力的过度扩张加大了企业所有者对其进行监管的难度，因此，企业需要控制管理层在企业内部的权力，设定恰当的薪酬激励模式对管理层进行约束与激励，从而达到企业利益最大化。高管薪酬一直是备受关注的重要话题之一。企业高管的薪酬激励与企业价值的相互关系，高管薪酬机制的合理性，是国内外学术界研究的重点。恰当的高管薪酬机制被认为能够提高高管利益与企业价值的一致性，减少高管自利行为，提升企业收益。但在中国特殊的制度背景下，中国国有企业中存在“所有者缺位”、高管权力膨胀等现象，为企业管理层运用权力自定薪酬提供了机会，损害了企业的利润与股东的利益。随着我国市场化的发展，市场竞争环境日益激烈，企业所面临的风险与挑战也在不断增加，如何在激烈的市场竞争环境下，抓住机遇，完善内部治理机制是企业发展与进步的重要保证。

本书在国内外有关管理层权力、高管薪酬和企业绩效的相关研究结论的基础上，运用规范与实证相结合的方法进行研究。首先，探究了我国的经济制度变迁及影响机理，提出了在我国特殊的制度背景下，伴随着市场竞争的发展，中国上市公司高管权力在不断扩张与膨胀，特别是中国国有企业的所有者为国家，缺少股东对高管有效的监督（“所有者缺位”），这就为企业高管利用权力牟取私利提供了条件。高管权力的过度膨胀为其以权谋私提供了便利，从而增加了企业成本，进一步损害股东与企业的利益。另外，市场竞争两极化严重，存在垄断与竞争白热化现象。内外部不够完善的企业治理机制使管理层寻租行为难以得到控制与监督。其次，在分析中国制度背景的基础上，基于委托—代理理论、管理层权力理论和最优契约理论，本书第4章、第5章与第6章分别对管理层权力与高管薪酬，管理层权力与企业绩效，高管薪酬与企业绩效的关系以及产品市场竞争的调节效应提出了研究假设；通过选取中国A股上市公司2007－2014年企业为研究样本，通过建立多元回归模型，进行了描述性分析、相关性分析，并运用系统GMM动态面板估计方法、逐步回归、分组分析法，对假设进行了检验。

本书研究结论如下：

第一，从中国上市公司管理层权力与高管薪酬的相关性研究中发现，我国企业管理层权力的膨胀可能导致其在高管薪酬契约的制定中谋求私利，从而获得更高的薪酬。市场竞争作为企业的外部治理机制，能替代股东对管理层进行有效监督与制约，进而减少管理层利用权力影响高管薪酬的可能。国有企业中存在的“所有者缺位”问题，使管理层权力对高管薪酬的影响在国有企业比非国有企业中更为显著。

第二，管理层权力与企业绩效相关性研究表明，管理层权力的扩张会提高企业的绩效与收益。而市场竞争程度的升高可以对管理层权力起到约束作用，降低高管滥用权力的风险，进一步促进企业绩效的发展。与国有企业相比，管理层权力的膨胀对于企业绩效的正面影响在民营企业中更为显著。

第三，高管薪酬与企业绩效关系研究表明，对我国企业来说，产品市场竞争已逐渐发展为一种有效的外部治理机制，能够增强高管薪酬业绩敏感性。完善薪酬契约机制，能提高企业绩效。企业业绩对于高管薪酬的影响作用在民营企业中比在国有企业中更为显著，企业性质不同，市场竞争对高管薪酬业绩敏感性所造成的影响程度也有所差异。管理层权力的扩张会降低高管薪酬的客观性，增加企业薪酬成本。加强董事会监督可以降低企业薪酬成本，有益于企业绩效的提升。

本书的创新之处可以归纳为以下几点：第一，本书选择管理层权力为切入点，深入全面地研究管理层权力与高管薪酬机制、企业绩效之间的关系，形成了管理层权力研究—机制实施与制定—企业经济后果的完整研究路径。第二，市场竞争作为企业治理的替代机制，为管理层寻租行为的治理效应提供了理论依据，也为管理层权力与薪酬机制的制定提供了有益启示。第三，探究了不同产权性质下企业治理中管理者权力膨胀与高管薪酬问题，对国有企业的治理与完善提供了新的证据支持。

目

第1章 导　论

市场经济的发展促进了中国企业间的自由竞争。企业的内部管理机制与外部环境都是影响企业生命力及股东权益的重要因素。随着企业的发展，不同企业治理结构下管理层获得的权力不同，对企业的利润、企业政策的制定与企业长期目标设置的影响也会不同。

为股东争取最大的收益是企业的最终目标，因此，在激烈的市场竞争下，企业内部制度的建立与高管权限的设定对是否促进目标的达到是至关重要的。企业薪酬制度是企业治理中用以激励员工与高管以促进企业发展的重要手段，是企业高管与企业下属职员都十分重视的问题。2008 年美国次贷危机后，全球发生金融危机时，企业高管的薪酬却只升不降，上市公司高管的薪酬在普通员工收入降低的情况下，却飞速地增长着。高管薪酬的增加造成了股东利益的减少，这引起了企业其他员工与股东的不满。为了平复其他企业内部人员的不满，各国相继出台了各种政策来抑制高管薪酬的持续增长，但是这些政策并不能有效地控制高管薪酬的迅猛增长。

要确定企业高管在某个时期到底应该获得多少薪酬有相当的难度，因为多方面因素合力影响着高管薪酬制度：产品市场竞争的激烈程度，企业利润率与企业在同时期的绩效水平，企业所有者赋予企业高管的权力等内部与外部因素。企业高管获得过大的权力又会对企业的绩效、股东利益与其自身的薪酬产生不同的影响。所以，深刻分析在不同的市场竞争条件下，不同企业中高管权力与企业绩效和高管薪酬之间的关系有利于因地制宜地建立更好的内部治理机制，健全薪酬激励制度与高管权力的赋予机制。

1.1　研究背景及意义

1.1.1　研究背景

（1）应用背景

自2008年美国次贷危机以后，全球范围金融危机的频发重创了全球金融业与周边产业，随着企业业绩的下降，高管薪酬水平非但没有随之下降，反而持续升高。从1978年至2014年，将通货膨胀率计算在内，高管薪酬增加了937%。高管薪酬的增长超过了股票市场增长的两倍，且大大超过了同时期内普通职工的缓慢增长10.2%的薪酬。高管与普通员工薪酬比从1965年的20:1，增至1978年的29.9:1，截至2013年，却增至295.9:1，这比20世纪70至90年代的薪酬比要高太多。在2013年，用综合方法计量高管薪酬，包括美国前350名企业中高管持有的股票期权价值，最后得出，当年全美高管平均薪酬达到1520万美元。华尔街“股神”巴菲特对于美国企业高管年薪表示十分不满：美国企业高管的年薪并不与其利用能力创造的企业业绩和效益挂钩。美林证券（Merrill Lynch）作为全球最大的投行之一，在2008年亏损了270亿美元，但是在美国银行对其进行收购前，美林证券高管将40亿美元作为分红放入自己的腰包。除此之外，其他投行与证券公司，在奥巴马政府发放政府款项扶助金融业与保证各企业的稳定时，如花旗集团等投资企业给予高管高得惊人的薪酬。所有的这些行为引发社会与政府的强烈不满，最终导致政府颁布了“限薪令”以限制高管薪酬不合时宜地变得过高。无独有偶，这种现象不只出现在美国、欧洲等地，在中国企业中也比比皆是。中国在20世纪70年代末开始了经济改革，几十年来，私营企业开始迅速地发展壮大，中国高管薪酬机制也越来越复制美国和欧洲的镜像。

在中国，许多企业高管薪酬过高引起了社会的不满和骚动。在2007年，中国华夏基石管理咨询集团采用在企业年报中披露薪酬的方式对中国200家市场占有率最大的企业进行分析发现：6.8%的高管薪酬在10万元到50万元人民币之间，19.5%的高管薪酬在50万元至100万元人民币之间。在美国推出“限薪令”后，中国在2009年也提出了对于高管薪酬的限制，规定中国的国有企业高管不得超过280万元人民币的薪酬。但是根据2011年发布的“福布斯2010年中国国有企业首席执行官（CEO）薪酬排行榜”（表1－1）所示，至2011年，该排行榜中的第十名刘克的薪酬为342万元人民币，远远高于2009年国家提出的280万元人民币的最高薪酬标准，所以说这一政策早已形同虚设。不仅如此，第七名的徐浩明作为光大证券的首席执行官，当全年营业收入增长率与净利润增长率分别下降了10%与22%的情况下，其薪酬依然增长了75%，总金额高达465万元人民币。由此可见至2011年，国有企业高管薪酬仍居高不下。

表 1－1　2010 年国有企业首席执行官薪酬排行榜

排名	CEO/总裁/总经理	性别	年龄	2010 年薪酬总额（万元）	代码	名称	总部所在地	所属行业	营收增长率（%）	净利润增长率（%）	复权股价增长率（%）	薪资增长率（%）
1	韩俊良	男	47	858	601558. SH	华锐风电	北京	重型电气设备	48	51	0	0
2	麦伯良	男	52	596	000039. SZ	中集集团	广东	工业机械	153	213	77	902
3	马蔚华	男	63	531	600036. SH	招商银行	广东	多元化银行	39	41	－22	－27
4	孙秋艳	女	49	516	600743. SH	华远地产	湖北	房地产开发	53	16	－26	13
5	陈洪国	男	46	498	000488. SZ	晨鸣纸业	山东	纸制品	16	39	－13	67
6	陈小宪	男	56	496	601998. SH	中信银行	北京	多元化银行	37	50	－34	0
7	徐浩明	男	45	465	601788. SH	光大证券	上海	投资银行业与经纪业	－10	－22	－38	75
8	武钢	男	53	399	002202. SZ	金风科技	新疆	重型电气设备	64	31	27	0
9	罗映南	男	54	382	601899. SH	紫金矿业	福建	黄金	36	36	－13	159
10	刘克	男	52	342	600325. SH	华发股份	广东	房地产开发	47	11	－44	0

资料来源：福布斯（2011）http：//www. forbeschina. com/list/more/1252。

从2011年我国人力资源和社会保障部发布的《中国薪酬发展报告》中可见，我国近20%的员工的收入在近5年内从未增长。从1979年至2011年，国有企业高管薪酬与企业普通员工的收入差距从1.18倍升为18倍。从表1-2我国2014年A股上市公司首席执行官薪酬排行榜可以看出，前十名的高管薪酬都在500万元人民币以上。以保险业为例，2014年保险业高管平均薪酬为304万人民币，同年中国平安普通员工平均薪酬却只有15.18万元人民币，差距达到20倍。为了抑制高管薪酬的持续增长、降低普通员工与企业高管的薪酬差距，2015年1月1日起，《中央管理企业负责人薪酬制度改革方案》得以实施，开始逐级限制国有企业高管的薪酬。政府的控制与改革方案的实施，只能作为外部政策，有限地调整国有企业的高管薪酬，并不能对全国各行业企业包括私有企业的高管薪酬产生影响。再者，国有企业的高管在获得过大的权力时，也有可能在"限薪令"的基础上另设薪酬奖励机制来谋取私利。因此，建立有效的企业治理机制是控制企业高管权力，保证企业绩效与企业股东权益的有效保障。以上事实表明，不论是公司治理相对成熟的欧美国家还是公司治理尚在发展阶段的中国，高管利用自身权力以权谋私、操控薪酬的现象较为普遍，寻租问题较为严重。

表1-2　2014年中国A股上市公司首席执行官薪酬榜

排名	CEO/总裁/总经理	年龄	2014年薪酬总额（万元）	所属公司	上市代码	所属行业
1	马明哲	59	1090	中国平安	601318.SH	多元化保险
2	周群飞	45	1036	蓝思科技	300433.SZ	电脑存储与外围设备
3	郁亮	50	966	万科A	000002.SZ	房地产开发

续表

排名	CEO/总裁/总经理	年龄	2014 年薪酬总额（万元）	所属公司	上市代码	所属行业
4	孙秋艳	53	877	华远地产	600743. SH	房地产开发
5	邵平	58	835	平安银行	000001. SZ	多元化银行
6	何其聪	44	688	方正证券	601901. SH	投资银行业与经纪业
7	钱平	50	601	雅戈尔	600177. SH	服装、服饰与奢侈品
8	朱敏	46	592	世联行	002285. SZ	房地产服务
9	程博明	53	577	中信证券	600030. SH	投资银行业与经纪业
10	麦伯良	56	575	中集集团	000039. SZ	工业机械

自 1978 年改革开放以后，中国经历了从计划经济向市场经济转变的过程。从那时起，中国的国内生产总值以十倍的增长速度大步向前。但问题是中国经济是否能够摆脱以往政府的过度操控，而真正地转型成为发挥最大效率的市场经济。2011 年，参照美国和欧盟来计算，中国经济的市场化水平已经达到了 73%。稳定的股票市场与股票交易，以及利率与汇率的某些特征证明了在过去的几十年中，中国经济方面一直发展得很好。中国国有企业的自主性增强，政府释放了对他们的过度控制权，这也是经济复苏的积极迹象。中国民营企业表现突出，大部分私有企业都在上海证券交易所和深圳证券交易所上市。中国市场经济发展的另一个特点为，在传统政府控制的行业允许更多的国内国外股权参与进来。此外，银行体系的多元化和国有银行的股权出售给国外投资者，促进了更多的国内与国外投资者的参与。随着我国经济由计划经济向市场经济转变，市场中的自由竞争也由此展开。不仅如此，随着企业自主权增多，高管的权力也随之扩大。不同企业所面临的外部产品市场竞争强度与内部的管理层权力的不同会

对企业绩效及企业表现产生不同的影响。因此，本书以我国经济环境为基础，研究市场经济条件下，管理层权力、高管薪酬与企业绩效之间的相互关系及产品市场竞争强度对其产生的影响具有较强的现实意义。

（2）理论背景

关于高管管理层权力的获得、行使与维护的研究一直都是学界重点，因为企业中管理层权力的大小对于理解高管决策是至关重要的（Pfeffer，1981）[1]。权力可以被定义为改变另一方行为所必需的力量（Dahl，1957）[2]或者是达到预期结果的能力（Salancik & Pfeffer，1977）[3]。权力也可以被理解为管理者的自由裁量权，即企业内部管理者行为的活动范围（Hambrick & Finkelstein，1987）[4]。研究企业中管理层权力与权力关系是十分重要的，因为企业高管在做出企业决策时可能并不以理性的经济目标为准则（Child，1972）[5]，而选择以自己的利益为基础出发点（Mintzberg，1983；Pfeffer，1981）[6]。而这些决策可能会对资源分配、经营结果等都有影响（Pfeffer & Salancik，2003）[7]。对于管理层权力的监察也是学者研究的重要领域，因为过度拥有权力的管理层可能行使权力为自己谋利，而不是为企业的所有者争取利益最大化。高管在企业中权力的行使可能会改变企业的平衡，或者通过利诱行为拉拢其他与经营有关的人（March et al.，1958）[8]。当企业的内部利益相关者如员工、股东为企业付出劳动力或资本投入时，企业赋予他们回报来换取这些投入，但是高管利用自身权力，可以转移企业资源，导致企业员工与股东得不到应得的企业回报，这就扰乱了企业劳动力与资金的流动。除此之外，不同层次上的管理者利用权力将企业的平衡打破后会给企业带来负面的经济后果。高管权力对组织资源分配、行政接任、企业结构和战略抉择后果都会产生重要影响（Pfeffer，1981）[1]。

这些权力的行使会影响企业运作与经营的有效性，即企业价值与企业绩效。管理层权力的来源是多样的，当高管能够控制企业重要事件或资源（Hickson，Hinings，Lee，Schneck & Pennings，1971；Wemerfelt，1984）[9][10]，其对于企业信息的控制则是企业管理者的权力来源。当企业高管拥有心理权力时，他们也能影响、控制企业内部职工，并影响决策（McClelland，1975）[11]。

管理层可以利用自身的权力执行其决策进而对企业经营结果产生不同的影响，因此，产品市场竞争是企业利润率与表现的重要影响因素。然而，有关产品市场竞争具体是如何影响高管行为与高管权力，市场竞争是如何影响企业绩效，以及市场竞争是否对高管的薪酬具有降低或提升的作用学界并没有达成共识。一些学者认为市场竞争会提升企业高管的竞争机制，因为市场竞争能够提供给委托人其在垄断市场下所不可得的有效信息（Holmstrom，1982；Hart，1983；Nalebuff & Stiglitz，1983）[12][13][14]。Hart（1983）[13]将企业分为两类：创业型（企业所有者与管理者两职合一，为同一人）与管理型企业（企业管理者与所有权相分离）。创业型企业不存在委托—代理问题，而管理型企业所有权的分离导致了委托—代理问题。企业所有者不能够确定企业的经营成本，所以他们不知道企业的绩效问题是由于管理不善造成的，还是由于企业自身的成本过高而引起的。如果企业总成本和边际成本在各企业之间是正相关的，并且在市场中有足够数量的创业型企业能够影响市场竞争，那么管理型企业管理者在企业中的管理松懈行为将被迫减少。市场竞争使不同类型企业之间的绩效通过价格相互依存，因此为企业健全了能够抑制管理层工作懈怠的机制。管理层对工作的努力程度、管理层懈怠行为对于产品市场竞争改变的反应也与相关的企业成本和企业的规模相关。Willig（1987）[15]考虑到了市场的垄断性，在他的竞争模型中，产品市场竞争使企业利润与管理层努力程度之间的敏感性进一步加强，所有者为了自身利益愿意将管理层薪酬与企业利润相连接来降低企业的无效性。在1982年和1983年，Holmstrom[12]和Nalebuff、Stiglitz[14]分别提出：市场竞争的主要影响在于增长了委托人（企业所有者）可利用信息，使委托人能够更有效地控制代理人（企业管理者）。产品市场竞争的增长意味着行业中企业数量的增加，由于成本的相关性，这就给委托人提供了额外的相关信息。

然而，也有学者认为产品市场竞争会抑制高管激励机制的完善，因为在激励性的产品市场竞争环境下，企业利润机会具有稀缺性，因此高管工作努力获得的薪酬会由此降低（Hermalin，1992[16]；Schmidt，1997[17]）。基于产品市场竞争的信息影响视角，Schmidt（1997）[17]建立模型，展示了市场竞争程度的功能。市场竞争的增加会降低企业的利润，但是也伴随着双面性：第一，企业面临停业的可能性上升，这会刺激高管更努力地工作。第二，企业利润的降低会改变降低成本行为的利润。

但是也有一些人认为，产品市场竞争对于高管薪酬激励机制的影响并不明显，具体的影响根据管理者偏好或者模型的其他具体特征而定（Scharfstein，1988）[18]。产品市场竞争与高管薪酬激励机制关系的实证证据的缺失阻碍了产品市场竞争对高管行为影响的研究。实证证据的缺失是由于估计市场竞争程度及估计薪酬激励机制的强度的难度过大造成的。大量的文献证明了成熟的企业治理机制通过降低高管与企业股东之间的利益冲突，可以提升企业价值（Yermack，1996；Gompers et al.，2003；Cremers & Nair，2005；Core et al.，2006；Chhaochharia & Grinstein，2007）[19][20][21][22][23]。事实上，产品市场竞争被认为可以替代企业治理机制，利用施加在高管身上的竞争压力来促使他们努力实现企业价值最大化。因此，与市场竞争不激烈的企业相比，竞争市场下的企业会有更好的表现。

Giroud 和 Mueller（2011）[24]发现长期股票收益、企业价值、经营绩效和企业治理与市场竞争程度保持一致下降的关系。在大多数产品市场竞争激烈的行业中，企业治理与企业绩效并无显著关系。相反，在非激烈的市场竞争环境下，它们之间的关系呈显著正相关关系。Chhaochharia 等人（2009）[25]发现萨班斯·奥克斯利法案（*Sarbanes - Oxley Act*）对于企业效率有影响。他们发现与竞争激烈环境下的企业相比，企业在非竞争的市场条件下，会表现出更显著的企业效率的增长。除此之外，相较而言，非竞争行业下的企业更有可能会产生财务重述、内幕交易与日期回溯等行为。这说明企业产品市场竞争是可以降低企业中的代理问题的。Cremers 等人（2008）[26]也表示企业在激烈的市场竞争下拥有更多的收购防御行为。

要充分地理解与剖析劳动力市场，企业需要对产品市场竞争、产品技术创新与劳动力市场之间的相互关系深入了解（Krueger，2005）[27]。企业中高管与企业员工薪酬的差距会影响企业员工的工作行为，进而对于企业的产品质量、生产效率、企业绩效产生影响。薪酬激励机制的目的在于提高企业职工的工作积极性，进而促进企业的成长和利润发展。企业需要将企业的产品生产成本与市场价格因素相结合，作为企业未来利润预测的依据。生产成本取决于企业管理层工作懈怠程度和企业技术创新、成本控制体系等因素。产品价格与市场价格、市场机构与产品市场竞争相关（Lazear & Oyer，2007）[28]。但我国现阶段对于这些领域并未进行深入研究，高管薪酬激励机制制定的理论基础仍待发现并充实。

综上所述，公司治理已经成为一个全球性的引发学术和政策辩论的话题。在英国和美国，关于市场体系的不足而导致的公司治理体系非有效性的讨论有很多。在欧洲大陆，学者认为现有的企业治理体系在扼杀企业的创新与成长。在东欧，非国有企业的私有化发展是多数企业的治理方式，而中国市场经济的发展正在促进企业自主权的不断加大，中国正在尝试新的企业治理模式，即混合所有制改革。与此同时，我国上市公司管理层权力日益膨胀，企业面临的市场竞争也愈发激烈，但是高管薪酬激励机制却并未发展完善。现阶段我国需要深度探讨的问题是：上市公司管理层权力的扩张是否导致管理层寻租行为的扩大？过度膨胀的管理层权力是否影响企业绩效？管理层权力的谋私行为是否受到市场竞争程度的影响？产品市场竞争是否能够抑制管理层权力的寻租行为？管理者薪酬是否与管理层权力的大小有关？市场竞争对于管理层权力与高管薪酬的关系是否存在明显的调节效应？市场竞争对高管薪酬激励机制的完善有何作用？当企业产权性质不同时，国有企业与非国有企业之间管理层权力、高管薪酬与企业绩效的关系有何不同？市场竞争的治理效应是否因为产权性质的不同而有所差异？以上问题都是本书将要研究的重点。

1.1.2 研究意义

(1) 理论意义

本书在前人研究的基础上，选取中国上市公司作为研究样本，建立回归模型，采用系统 GMM 估计方法对于管理层权力、高管薪酬与企业绩效之间的关系进行研究，对现有文献和理论的贡献主要包括以下三方面：

第一，丰富了管理层权力在我国企业治理机制中的具体应用，为我国经济转型时期的企业治理提供了管理者权力的新证据。

我国企业机制与西方国家的企业机制有所不同，如果套用西方学者对于管理层权力的研究结果来解决我国企业在转型时期的治理问题，得到的结果信服力并不高，对于企业和企业所有者的借鉴作用也并不大，无法确实解决我国现阶段企业治理中遇到的问题。本书结合我国转型时期市场特征与我国的现实制度背景，研究我国上市公司管理层权力的特点与权力来源，通过在Finkelstein（1992）[29]和谭庆美（2014）[30]构建的权力模型的基础上，建立出更适合我国企业内部管理层研究的管理层权力模型，即结构权力、所有者权力、威望权力和所有权的分散度作为管理层权力的四个维度对管理层权力进行衡量。同时，运用管理层权力理论解释企业经济表现的原因，延伸了管理层权力寻租的企业内部与企业经济结果研究。

第二，深化了中国高管薪酬理论的研究与应用。

高管薪酬影响企业价值的重要因素。在高管薪酬契约的制定中，企业内部结构与分工能够很大程度上影响高管薪酬机制与制定。而产品市场竞争对于高管利用手中的权力而产生的寻租行为以及高管薪酬水平都会产生不可忽视的影响。产品市场竞争对企业治理的重要性是西方学者所重视的。但是由于中国特殊的国情，相对于西方国家，上市企业中国有企业占有的份额较大，且至今为止有些行业未实现真正的市场经济，在国有及国有控股的企业中，高管薪酬机制、管理层权力与企业治理机制与西方发达国家有所不同。因此，基于中国的现实国情和企业的实际情况来研究我国国有及国有控股企业与私有企业中高管权力、薪酬机制与企业绩效之间的关系，对完善我国企业内部结构与权力分布，提高我国企业治理的有效性具有重要的指导作用。

第三，丰富了我国现阶段产品市场竞争对企业治理效应的研究。

本书研究表明，产品市场竞争的破产清算威胁与企业竞争对手的增多有效约束了管理者的权力，减少了权力寻租行为，推进了高管薪酬激励机制的完善与合理化，提高了企业的绩效与经济后果，为推进我国市场经济与市场化的发展、提高企业治理效率提供了新的参考依据。

（2）实践意义

首先，本书从不同产业性质角度研究了管理层权力、高管薪酬与企业绩效的相互关系，对提高国有企业治理结构有参考价值。由于我国的特殊国情，国有企业至今仍在转型与发展进程当中。我国国有企业与国有控股企业的上市公司由于所有者缺位问题，管理层缺少监管者，与非国有企业相比，国有企业的代理问题十分严重。企业高管利用自身权力谋取私利，影响薪酬契约的正常运作，垄断企业资源，造成企业生产要素和企业资源配置的无效率，增加了企业的经营风险与薪酬成本，影响了企业的经济效益与企业利润。本书的研究结论将有助于我国国有企业内部治理结构的完善与调整，企业高管权力的有限赋予与监督，减少企业代理问题，提高薪酬契约的客观性，增加企业效率与资源配置的有效性，促进企业的生产力与竞争力的发展，提高企业绩效。

其次，本书对于政府如何规范与制定政策具有重要启示。管理层获得权力的大小，高管薪酬机制的完善程度，以及受到管理层权力影响的多少，除了受到企业内部治理制度的影响，政府在企业外部建立的规范与政策也对其产生重要影响。本书试图基于中国的特殊产权制度，探讨管理层权力的扩张对于高管薪酬与企业绩效的影响，在本书研究的理论和实践基础上为政府提供相应的建议对策，为政府构建更合理的外部治理机制，完善资本市场、产权制度、法律法规等提供了经验证据。

1.2 研究内容与方法

1.2.1 研究思路与结构框架

本书基于我国现阶段经济的背景制度，以优化公司治理结构、提高企业绩效为研究目的，以管理层权力、高管薪酬与产品市场竞争治理效应为视角，通过规范与实证相结合的研究方法，深入系统地分析了我国上市公司管理者权力的根源和内容，指出了我国国有企业所有者缺失问题所导致的管理层寻租行为的恶化，并分析了其对于高管薪酬及企业绩效的影响。通过以我国A股上市公司为样本，建立回归模型，实证了管理层权力的扩张、高管薪酬的制度、企业绩效与表现之间的关系，以及产品市场竞争对于其关系的调节效应。同时，深入研究了不同产权性质下的差异，从国有企业与非国有企业的对比视角来研究本书主题。最后，提出了完善我国企业治理结构，制约管理层权力，优化企业薪酬机制，提高企业绩效的相应政策和建议。本书的内容安排如下：

第1章为导论，主要阐明了本书的研究背景、研究意义、研究思路、方法和结构框架，以及研究的创新与贡献。

第2章为文献综述与评价。本章主要关注高管薪酬的基础理论，管理层权力、绩效与高管薪酬的基础理论，产品市场竞争的基础理论与产品市场竞争与公司治理研究的学术成果。高管薪酬理论中包含高管薪酬的概念界定、薪酬理论的发展，以及最优企业理论和管理层权力理论。管理层权力、绩效与高管薪酬的理论基础包含管理层权力与企业绩效的界定，管理层权力影响企业绩效的理论基础，管理层权力与高管薪酬研究，以及高管薪酬与企业绩效研究。产品市场竞争的基础理论包括产品市场竞争的产业组织理论，市场竞争程度为基础的市场结构的抉择，以及市场竞争的研究指标选择。本章的最后一部分为产品市场竞争与公司治理文献的梳理，包括企业治理的产品市场竞争原动力理论，公司治理的市场竞争传导机制，以及市场竞争与企业治理有效性。本章较为明确地梳理了关于上市公司管理层权力、高管薪酬、产品市场竞争与公司治理的相关研究与结论。通过文献综述，对互相影响的主要因素进行了阐明与研究，明确了市场竞争对于公司治理的有效性，以及管理层权力对于企业治理的影响。这些工作为后续实证研究提供了理论基础与支持，有益于关系框架的建立，为第 4 章、第 5 章、第 6 章实证研究假设的提出、统计模型的建立和变量设计提供了理论依据。

第 3 章为我国制度变迁及影响机理的分析。本章分析了我国由计划经济向市场经济的转变如何促进了我国政策改革与市场化发展。随着分权改革与市场化的发展，我国企业间展开了自由的市场竞争，市场经济得到蓬勃发展。本章系统地分析了我国市场化的背景下，国有企业的改革与演变。随着我国制度环境的改变与市场化的发展，国有企业高管获得了自主权与控制权，在国有企业管理层权力日益扩大的同时，代理问题日益严重。企业高管职能与职工薪酬体系也进行了转变与演化。高管运用自身权力与企业治理结构的推进改变了原有的单一薪酬机制，这给高管运用高管权力控制薪酬契约、谋取私利提供了可能。本章梳理了我国企业高管权力与薪酬在市场历史变革背景下的发展过程，同时总结并简要评述其发展特点，突出了市场环境变化对我国企业发展、高管权力与薪酬的重要意义。

第 4 章基于企业市场竞争，开展管理层权力与高管薪酬相关性的实证研究。基于前人对于权力的定义，结合我国的制度背景，本书分析了管理层权力的形成，将高管权力与高管薪酬相挂钩。通过理论分析证明，管理层权力的膨胀使企业高管在高管薪酬的制定中谋取私利，进而获得更高的高管薪酬，但是这种谋取私利的行为会随着产品市场的增加而减少。本章的实证检验表明：第一，我国管理层权力与高管薪酬正相关，管理层权力的扩张会增加其对高管薪酬的操控。第二，企业成长性与高管薪酬显著正相关，即企业规模的扩大有益于薪酬的提高。第三，市场竞争的企业治理效用可以用于抑制管理层权力的膨胀而产生的寻租行为与谋取私利行为。第四，国有产权终极所有者的实质性缺位和国企管理者行政任命的政府背景，使公司治理机制与外部市场竞争机制难以发挥应有的效率，与非国有企业相比，市场竞争对管理层权力与高管薪酬关系的抑制作用在国有企业中并不十分有效，对非国有企业的治理效应更加明显。因此，我国企业特别是国有企业，通过企业间公平竞争，充分发挥市场竞争的外部影响力是减少代理问题、提高企业绩效水平的重要途径。

第 5 章关注在不同的市场竞争环境下，管理层权力与企业绩效相关性的实证研究。企业管理者能够通过利用自身权力为企业制定有效的经营策略与长期目标，从而影响企业绩效。企业高管权力的大小是影响企业经济结果的重要因素。企业高管拥有的企业经营权，既保证了企业运营与策略制定的正常实施，也有可能产生为了维护高管自身的利益，牺牲股东利益，加剧委托人与代理人之间的代理冲突的现象。本章实证研究了管理层权力与企业绩效的正相关关系，结果显示：第一，企业的总经理与董事长的两职兼任对于企业绩效有显著的正向影响，高管持股与企业绩效显著正相关。因为企业高管的两职兼任与高管持股会提高委托人与代理人之间的利益一致性，激励高管提高企业绩效的行为；高管的任期越长，其拥有的权力越大，对于企业效益的积极影响越显著；股权的分散会降低大股东对管理层的约束，强化管理层权力，进一步促进企业的绩效水平。综上，管理者权力的增加会增加企业价值与企业利润。第二，市场竞争的增加会进一步推进管理层权力与企业绩效的正相关关系，且有利于企业绩效。第三，由于企业性质的差别，管理层权力对企业绩效的促进作用、产品市场竞争的企业治理效应在非国有企业中更为显著。相比于国有企业，产品市场竞争在民营企业中能更好地发挥激励作用，促使管理层在面临权力的扩张时，提高工作努力度，进一步提高企业收益。

第6章为企业业绩与高管薪酬相关性的实证研究。激烈的市场竞争带来的信息揭示效应和清算威胁效应能够有效抑制企业管理者的工作懈怠及管理层的权力寻租行为，影响高管薪酬与企业业绩敏感性。从企业内部而言，管理层权力的大小也会影响高管薪酬与企业业绩敏感性。本章关于我国管理层权力、市场竞争对高管薪酬与企业绩效敏感性的实证研究显示：第一，产品市场竞争的增加有利于减少企业管理层在薪酬契约中的谋取私利行为，高管薪酬将更多地受到企业业绩等客观因素的影响。高管薪酬的完善与公平性的增加进一步激励高管努力争取企业利益最大化，促进企业绩效的发展，即产品市场竞争可以增加高管薪酬企业业绩敏感性。第二，国有企业所有者缺位问题与国有企业的产权问题使高管可以利用手中权力影响企业的治理机制，加上政府对于企业经营的干预，降低了国有企业中企业绩效对高管薪酬的影响，而市场竞争对其的治理作用也在民营企业中更为显著。第三，企业管理层权力的扩张会增加高管影响薪酬契约的能力，降低企业绩效等客观因素对高管薪酬契约的影响，在企业绩效下降的同时，权力过大的高管的薪酬有可能持续升高，即高管权力的膨胀会降低高管薪酬企业绩效敏感性。因此，有限地赋予管理层权力，董事会充分的监督与市场竞争的外部激励是保证薪酬机制合理性与客观性、降低成本、保护企业利益的有效手段。

第7章为本书研究结论和后续研究的展望与方向，主要通过对于本书研究的回顾和研究结论的阐述，对本书研究的主要发现进行总结，提出合理化建议，并对后期可持续开展的研究方向进行展望。

本书的研究结构框架如图1－1所示。

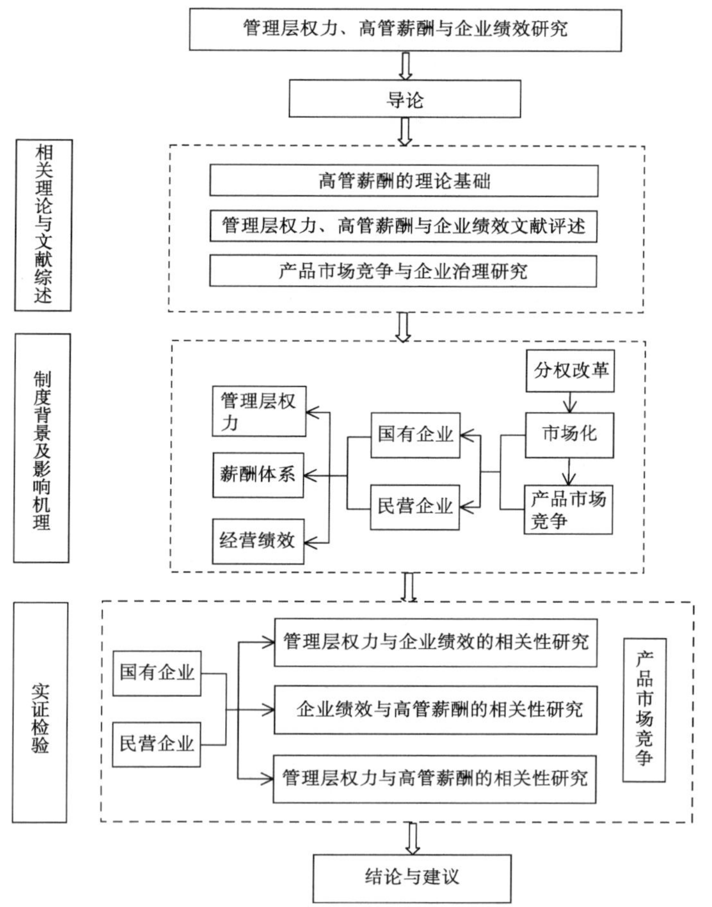

图1－1　本书的研究结构

1.2.2 研究方法

本书以管理层权力理论、公司治理理论、高管薪酬理论为研究的理论基础，结合企业管理及经济学的理论观点对于不同市场竞争下的高管权力、高管薪酬与企业绩效的关系进行了分析与研究。具体研究方法有如下三种：

（1）规范研究与实证研究相结合的方法。本书研究不同的市场竞争环境下，管理层权力、企业绩效与高管薪酬之间的相互关系。以经典的委托—代理理论、最优契约理论和管理层权力理论作为理论基础，在分析我国特殊的市场环境与经济发展阶段中三者互动关系的基础上，深入研究了产品市场竞争对三者关系的调节作用，即产品市场竞争能替代企业治理机制发挥的治理效应，并进一步探讨了由于企业产权性质的不同，我国国有企业与非国有企业中三者的关系及敏感性。在规范研究中，以文献综述为基础，结合前人研究成果，从理论层面上分析了管理层权力、高管薪酬与企业绩效之间的关系，为实证研究中假设的提出、模型的建立提供了理论基础。在实证研究中，本书通过建立统计模型，整理各上市公司历年的数据，使用 Stata 软件展开实证分析，探讨在产品市场竞争环境下，管理层权力的扩张与高管薪酬和企业绩效的关联性。

（2）定性研究与定量研究相结合的方法。在第 2 章文献综述中，本书主要使用了定性研究的方法。对前人文献中的相关概念和研究成果进行了梳理和汇总，并加以分析；在定量研究方面，本书收集了大量中国上市公司样本数据，对数据进行了描述性分析、相关性分析、系统 GMM 估计等实证分析，得出了实证研究的结论并对其进行评述与解释。

（3）比较研究的方法。在实证研究的三个章节中，分别使用了比较研究的方法。在第 4 章管理层权力与高管薪酬关系的研究中将国有企业与非国有企业进行对比，考察不同企业产权性质下，产品市场竞争对管理层权力与高管薪酬的影响程度是否有所改变；在第 5 章中，通过国有企业与非国有企业的对比，研究了产品市场竞争对于管理层权力与高管绩效正面关系的促进作用的强弱。在第 6 章中，通过对比管理层权力的大小与企业的产权性质，分析了在不同市场竞争下，管理权力和产权性质对于高管薪酬绩效敏感性的影响，为优化企业治理结构，企业效益发展与完善高管权力提供了实证支持。

1.3 研究创新与贡献

本书的创新之处及贡献主要包括如下几个方面：

(1) 本书从新的角度切入，对企业机制进行研究，构建完整研究路线。本书以我国市场经济转轨时期的经济制度为背景，系统分析了企业管理者的组织权力、所有权权力、声望权力与股权分散度作为综合管理层权力指标的组成部分，研究管理者利用权力的扩张影响企业薪酬机制、企业绩效的机理与经济后果。本书弥补了前人研究管理者自利行为与企业价值的关系，但是没有关注自利行为在企业机制中运营的根源的不足之处，选择管理层权力为切入点，深入全面地研究管理层权力与高管薪酬机制、企业绩效之间的关系，形成了管理层权力研究—机制实施与制定—企业经济后果的完整研究路径。

(2) 证明了市场竞争已经可以作为企业治理的替代机制，约束管理层权力扩张而产生的寻租行为，完善高管薪酬机制。在我国基本完成由计划经济向市场经济的转型期，企业面临激烈的竞争，而国内有关于产品市场竞争在替代企业治理机制、影响高管寻租行为、与企业薪酬与绩效相关关系方面的文献是凤毛麟角。本书在有限的理论文献的基础上，从产品市场竞争角度，对于管理层权力扩张、高管薪酬与企业绩效的关系进行了实证检验。通过动态系统GMM估计方法检验相关变量之间的关系，证实了管理层权力膨胀影响企业高管薪酬机制的有效性，以及市场竞争程度的加深对其关系的抑制作用，发现了市场竞争作为企业的外部因素，可以在一定程度上激励与制约管理层行为，完善薪酬机制，提高企业表现。本书为解读我国市场经济环境下，企业管理层行为与薪酬机制之间的关系提供了直接证据，也为管理层权力与薪酬机制的制定提供了有益启示。

（3）为国有企业的治理问题提供了新的证据。我国的经济主体决定了我国市场经济与经济转型时期的特殊性，国有企业与非国有企业在企业目标的设定、企业治理机制、企业薪酬机制、委托—代理关系及企业高管的选拔和任命上都有很大的不同。本书分析了在不同的产品市场竞争环境下，国有企业中的管理层拥有更大的权力，企业绩效表现却低于民营企业与居高不下的高管薪酬的原因；深入探索了市场竞争作为企业外部影响因素，其效应在国有与民营企业间的差异，以及国有企业管理层权力额外扩张导致高管薪酬在企业绩效下降时不降反升的原因。本书从市场竞争的视角，基于产权性质的不同，对比了不同产权性质下企业治理中管理者权力的寻租问题与高管薪酬问题，提出了国有企业提高绩效的合理化建议。

第2章 相关理论与文献综述

2.1 高管薪酬的理论基础

近几年，公司治理和高管薪酬一直是企业和学者们注重的议题。跨国公司的财务丑闻、高管薪酬的不断增高，一直是公众关心的问题。高管薪酬作为高管激励和治理的重要组成部分和影响因素，是否对企业的增长和发展起促进作用，一直是经济管理学科关注的焦点。

2.1.1 高管薪酬的界定与理论的发展

（1）高管的界定

高管薪酬是本书重要的研究对象，在明确高管薪酬的研究方法前，我们需要对高管的定义进行有效的界定。高管就是高级管理人员，为企业和公司进行决策和确定发展方向的负责人。高管掌握着企业的决策权，负责规划公司的发展方向，是对整个企业负责的高级工作人员。具体来说，高管是指在企业管理中对整个企业负责，承担企业经营管理工作，控制企业重要资源和信息的人。首席执行官（CEO）、首席财务官（CFO），董事会秘书和公司规章制度规定的其他员工都属于高级管理人员。

现阶段国内外学者对于高管的界定有很大的不同。国外学者对高管问题进行研究时，对高官的界定基本将董事会排除在外。Krishnan 等（1998）[53]将高管定义为“首席执行官、总裁、首席运营官、首席财务官和下一个层次的最高级别的人员”。对于高管薪酬的研究，西方学者把首席执行官作为高管的代表进行研究，因为西方企业的股权集中程度不高，分散的股权结构较集中的股权结构更普遍。首席执行官拥有很大的权力，领导其他低层管理人员，是企业的经营决策的决定者，规划企业发展和未来方向，所以国外大多数文献将其设置为高管进行研究。McGuire 等（1962）[54]研究认为，对于企业 CEO 的研究可以代表对企业高管的研究，而对于高管薪酬的研究则可以首席执行官薪酬的研究作为替代，以得出结论。Murphy（1985）[55]在研究中使用在股东签署的委托书中出现名字的企业管理者作为高管的代表，而且其出现在委托书上的时间要大于5年才被作为研究的对象。国内各种制度规范对高管的界定见表2-1。在表2-1的基础上，可以将国内学者对于高管的研究根据范围的不同分为三类：（1）李增泉（2000）[56]，朱红军（2002）[57]，谌新民和刘善敏（2003）[58]，杜胜利和翟艳玲（2005）[59]，赵震宇、杨之曙和白重恩（2007）[60]，吴文峰（2008）[61]等在研究高管问题时将董事长和总经理作为高级管理人员。（2）林浚清等（2003）[62]，辛清泉、林斌和王彦超（2007）[63]，吕长江和赵宇恒（2008）[64]，江伟（2008）[65]将企业年报中除去董事会、监事会后的总经理、副总经理和董秘以及其他高层管理人员设为高级管理人员。(3)不分权力职责和企业位置，将企业年报中的所有相关披露的管理人员包括在内，这是国内研究中对高管概念最广的研究方法。持这种观点的学者有魏刚（2000）[66]，于东智和谷立日（2001）[67]，王华和黄之骏（2006）[68]，胡铭（2003）[69]，高雷和宋顺林（2007）[70]，唐清泉等（2008）[71]。

表 2-1　　国内各类制度对高管的界定

时间	来源	定义
1994 年	《国务院关于股份有限公司境外募集股份及上市的特别规定》	董事、监事、经理、财务负责人等和章程规定的其他高级管理人员
1997 年	《关联方交易》	董事长、董事、总经理、总会计师、财务总监、主管各项事务的副总经理
2005 年	《上市公司高级管理人员培训工作指引》	上市公司董事长、董事、监事、独立董事、总经理、财务总监、董事会秘书
2006 年	《公司法》	董事、监事、经理、财务负责人、董事会秘书和章程规定的其他高级管理人员

薪酬是指基于企业员工与企业雇主之间通过雇用契约的签订而建立的劳动关系，员工获取雇用者提供的报酬。薪酬按照直接与间接、内在与外在可分为四类，具体来说可分为长期薪酬与短期薪酬，短期薪酬包括雇员的固定年薪、计时工资、佣金与额外津贴，长期薪酬包括福利收益、股权激励与长期激励方式（邱茜，2013）[72]，具体见表 2-2。

表 2-2　　广义高管薪酬结构及定义

类型	构成
总薪酬	短期薪酬 + 长期薪酬 + 其他薪酬
短期薪酬	固定年薪 + 计时工资 + 佣金 + 额外津贴
长期薪酬	股票期权 + 股权激励 + 长期激励方式
其他薪酬	在职消费 + 实物福利 + 其他非货币性激励

广义的高管薪酬中包含了太多的难以准确收集的数据，包括在职消费、高管获取的实物福利、高管职位晋升、获取的名誉与声誉等，所以本书并不将广义的高管薪酬选为研究薪酬的指标。我国国有企业的董事长并不是委托人的代表，他们与总经理一样也是经营者，因此本书依照大部分国内学者的研究，选择上市公司披露的“薪酬最高的前三位高管”作为本书的高管范围，并把高管薪酬总额的自然对数作为本书被解释变量的衡量指标。

（2）高管薪酬激励

Mankiew（2011）[73]指出员工的劳工和服务所产生的边际效应决定了他们收入的数量。但是员工在企业工作时所产生的边际价值由于工作的不同和员工表现的不同难以度量，即员工的实际薪酬是由企业对员工工作表现和工作产出进行综合测量而得到的。根据自己实际得到的薪酬，员工会改变自己的工作态度和效率。当管理人员无法监督员工时，管理人员可以提高员工的薪酬，用这种激励方式促使员工提高工作的积极性（Shapiro & Stiglitz，1984）[74]。Main（1991）[75]认为，相比于自身的觉悟，薪酬对员工提高自身工作效率起到更大的激励作用。Sorensen（1994）[76]提出，薪酬激励能够在增加企业劳工成本的同时促进企业员工的工作效率。Prendergast（1999）[77]指出，薪酬可以增加员工对企业的忠诚度，提高员工的归属感，企业薪酬制度的发展和管理与企业的成败直接相关。Thomas（2003）[78]在前人研究的基础上，从企业策略的角度定义薪酬激励。Thomas 认为，随着外部环境的改变，为了更好地发展和适应环境，要实现企业目标，企业必须把薪酬当作企业策略的一种。相对于作为边际效应的指标，薪酬更应该成为一种生产力的激励机制。薪酬激励因评估方式的不同可分为两种，分别为根据投入角度评估的薪酬奖励机制和根据产出数量进行评估的薪酬奖励机制，具体分析如下：

第一，投入角度评估的薪酬奖励机制。这种薪酬激励机制对员工生产效率和生产效益的评定以工作时间为基础，也可称为以件为准。总的来说，这种计量方式的重点是时间，并非工作产量，这是由于相对于评估生产产量而言，企业更容易用工作时间来进行评估，估测成本相对较低。企业普遍应用“时薪制”作为员工获得薪酬的主要方式，但是仅凭工作时间来评定员工的薪酬及其创造的企业价值，往往忽略了员工的工作质量问题。Becker（1962）[79]提出了人力资本理论，即除了员工工作时间的长短，在其工作期间完成工作的质量也需要参考员工的年龄、受教育程度、性别、在企业工作的年限等方面，综合评定其工作能力和效率（Mincer，1974）[80]。当管理者用投入来评估员工薪酬所得时，薪酬激励的主要形式为加长员工的工作时间，对员工进行培训，提高员工的专业技能和水平，满足企业的需要和要求，并且与员工建立长期雇佣关系。日本的薪酬激励方式为“终身雇用制”和“年功序列工资”，这种薪酬激励方式是通过加强薪酬数量和工作年限及员工教育水平的联系来鼓励员工与企业建立长期雇佣关系。在进行继续教育的同时，员工自身工作能力的提高能够为企业创造更好的产品与服务（Aoki，1990；Clark and Ogawa，1992；Ricketts，2003）[81][82][83]。综上所述，这种薪酬奖励机制可以替企业节约成本，并帮助员工发展自身教育水平和能力。但这种评估方式的缺点是管理者很难评估出员工的实际生产效率，因此不能直接地影响企业绩效。

第二，产出角度评估的薪酬奖励机制。这种薪酬奖励机制是以员工工作过程的实际产出作为测量指标进行薪酬奖励的。Clinch（1991）[84]研究指出如果员工的教育程度、工作能力难以评估，用员工的工作产出作为员工获取薪酬数量的基础，对于员工的工作效率有激励作用。总体而言，如果管理者想要加强员工工作与企业绩效的关联性，以产出为基准的薪酬激励制度是多数管理者做出的选择。而以产出为基准的薪酬激励制度根据评估标准的不同可以进一步分为绝对绩效评价和相对绩效评价。

（3）薪酬理论的发展

Stephenson（2004）[85]研究表明，高管薪酬体系有三个重要目标。第一个目标是明确高管薪酬的多少不只是根据达标企业季度或年度目标，而是根据他们长期为股东获取财富的记录。持股权激励方式是传统的激励方式，用来保证企业长期发展，而不是短期的一次性收入，企业需要鼓励高管们为企业获取长期利益。第二个目标是保证薪酬能够真实地反映市场情况。第三个目标是高管薪酬体制能够对企业股东透明化。有效的长期薪酬激励机制以市场为导向，明确的薪酬机制对于在企业绩效优异的情况下获得应得的薪酬对大多数首席执行官来说是至关重要的。Kozen 和 Boulanger（2004）[86]指出，高管薪酬和企业绩效从未像现在一样受到挑战，特别是长期的薪酬激励制度。

在过去的八十年里，学者和从业者对上市公司高管薪酬的决定因素和数量的高低进行了大量的研究，研究主要认为企业的规模和企业利润的多少是高管薪酬的决定因素，学者们提出三类理论来解释高管薪酬问题。Ciscel 和 Carroll（1980）[87]指出关于高管薪酬学者们形成了两类学派：管理主义学派和新古典主义学派。管理主义学派学者认为企业规模和高管绩效之间是紧密联系的，高管薪酬的增加会促进企业规模的扩大。新古典主义学派却认为与企业规模和销售数量相比，企业利润的多少可以作为高管薪酬的预测器（Lewellen & Huntsman，1970）[88]。Taussig 和 Baker（1925）[89]发现企业利润和高管薪酬的相关性较弱，这是高管薪酬之争的开始。在 1932 年，Berle 和 Means[90]提出，将管理层与控制权相分离会使现代企业中对于高管损害公司利益、寻求个人利益的限制移除掉，这种分离导致经济学家考虑传统经济理论中利润最大化作为企业目标的可行性。Berle 和 Means（1932）认为，利润最大化作为公司的目标在管理者与控制权相分离的情况下不是切实可行的，因为自私自利的管理者可能并不以股东的利益最大化为目标来做决策，并且股东们也没有动机和能力来限制管理者以他们的经济利益为先。Jensen 和 Meckling（1976）[91]研究证明，综合性薪酬机制可以解决企业首席执行官和企业股东之间的代理问题，但是不会激励管理层致力于企业利润最大化，反而需要企业所有者来控制首席执行官的行为。高管薪酬机制的建立应当以满足股东和企业效率发展需求为前提，高管薪酬应与企业绩效息息相关。Baumol（1962）[92]主张管理层要通过企业产品销量最大化，而不是利润最大化来提高自己的利益和薪酬。Roberts（1959）[93]研究表明，销量和高管薪酬之间是有显著联系的。McGuire，Chiu 和 Elbing（1962）[54]指出，从本质上来说，高管薪酬与企业利润率之间是没有相关性的，但是销售收入和企业规模却与高管薪酬紧密相连。Jensen 和 Murphy（1990）[91]对高管薪酬和企业股东财富的增加之间的关系进行一系列的研究，结果表明，股东财富每增加 1000 美元，首席执行官的收入增加 3.25 美元。除此之外，Ciscel（1974）[94]研究证明，企业中员工数量的多少也与高管薪酬密切相关。

2.1.2 最优契约理论

在公司治理的相关文献中，高管薪酬经常被用来评价企业管理机制的有效性。对于高管薪酬的研究主要关注两个方面：一个是高管薪酬的总体水平，另一个是奖励机制中所包含的高管薪酬激励部分的多少。薪酬奖励机制指的是企业薪酬随着企业绩效的变动而改变，包括奖金、长期奖励薪酬、定价定额购股权和有限制的股票，这是将高管的利益与股东的利益联合在一起的一种重要的内部管理机制。考虑到薪酬激励的变动，我们需要注意的主要有两点问题：第一，使用这种激励方式的时候企业需要权衡利弊，成本和利润与薪酬激励的平衡问题需要考虑。第二，企业是否保证激励高管的股票数量，能够引导高管们不遗余力地在进行公司决策的时候争取股东利益最大化。高管薪酬总体水平是指一个高管所得的所有薪酬，这里面包含固定的薪酬如工资加奖励的薪酬，总的薪酬用来吸引和留住胜任的管理者。总的来说，学者们用两种方式来分析高管薪酬的设计方案：最优契约方式和管理层权力理论方式。对于众多金融界的学者来说，最优契约理论在两者中占主导地位。

最优契约理论认为，当委托人（股东）与代理人（管理层）之间签订的契约使管理层能够满足股东的效用，同时股东能够满足管理层的预期期望，股东与管理层之间的代理问题是可以得到解决的（Mirrlees，1976）[95]。Grossman 和 Hart（1983）[96]提出，代理问题和经营管理中遇到的问题是可以通过最优的方式解决的。企业的规模、发展机会、风险、管理层权力、边际效益都影响着最优激励水平。研究者们经常将这些问题结合起来，解释在某些行业的独特激励结构。Balkin 等（2000）[97]，Engel 等（2002）[98]，Murphy（2003）[99]研究发现，与其他行业相比，高技术产业的高管们会感受到更强烈的激励感，因为在这个行业的首席执行官们享受更多的自主权和自由进行决策的权力，也面临着更多企业创新时所产生的风险和不确定性。除此之外，Murphy（1999）[100]指出，在管制行业中的公司，比如说公共事业公司中的高管的激励程度较小，因为管制行业的公司面临的风险较小，管制行业公司的首席执行官的自主性较低，特别是激励可以作为对管理者进行监督的一种替代机制的时候。当董事会很难对管理者进行监管时，公司会用高强度的激励措施代替董事会对管理者进行监管。相反的，当公司拥有高质量的董事会时，则可以有效地控制高管，进而减少对于薪酬激励措施的依赖（Beatty & Zajac，1994；Zajac & Westphal，1994）[101][102]。因此，尽管某些董事会特征可以显示出企业控制高管的水平，但是总的激励方式是以最优组合来设定的，即在董事会不能有效监管高管时，更高的薪酬奖励机制将被用来替代董事会行使监管职能（Core & Guay，1999；Demsetz & Lehn，1985；Himmelberg，et al.，1999）[103][104][105]。

从供给方角度来看，关于首席执行官总薪酬的最优契约方式，最初是基于人力资本理论建立的（Becker，1975）[106]。人力资本理论认为，人力资本的价值分为显性价值和隐性价值，人力资本的隐性价值和显性价值的区别在于人力资本是否已经实现并可以预期和测量它的结果。如果可以测量并预测，并已经实现，那就是显性价值。反之，就是隐性价值。企业中的显性价值是一定可以创造效益的，那么高管薪酬中的固定工资的部分就是显性价值所获得的酬劳。而在高管薪酬中，根据其给企业创造的价值多少而确定的薪酬，是高管的隐性价值所获得的酬劳，因为隐性价值是具有风险性和不确定性的，要在其确定后才能支付给高管相应的薪酬。人力资本价值正是上述两种价值之和，显性价值加隐性价值等于人力资本价值，与之相对应的固定工资加奖励薪酬组成了总的高管薪酬。

教育、年龄、总的工作经验是人力资本的关注点。在企业中，工作时间的长短意味着员工是否是企业专属的人力资本。因此，受过高等教育、年纪大、拥有丰富的行业工作经验的首席执行官通常会得到更高的工资（Harris & Helfat，1997）[107]。除了上述关系外，管理者学者们还从别的角度对人力资本进行研究。Sander 和 Carpenter（1998）[108]，Carpenter 等（2001）[109]研究证明，拥有跨国工作经验的高管的薪酬与他们的工作经验成正比。

总的薪酬还与需求相关联。从需求方角度来看，有的工作的复杂程度直接与个人付出的努力相关。所以，根据工作的不同，个人的表现也会不同，这就需要不同的薪金来满足他们的预期。比如说，当首席执行官同时兼任董事长时，他们就需要承担更多的责任，因此，应该得到更高的薪酬（Smith & Watts，1992）[110]。Henderson 和 Fredrickson（1996）[111]发现，当高管的工作中需要承担很多信息处理的责任时，高管们将获得更高的总薪酬。他们将需求分为三种：企业业务活动的数量和互依性（多元化）；企业的技术创新（研究发展和资本投资行为）；管理结构（高管团队的规模）。除此之外，高管对于风险的接受程度会影响高管激励性薪酬和总薪酬（Holmstrom，1979）[112]。当高管薪酬不断波动时，反感风险的高管们需要获得额外的薪酬来使他们接受可能承担的风险。在这种情况下，特别当高管对风险极其反感时，激励机制的成本是十分巨大的。

2.1.3　管理层权力理论

另一种理论，是从管理层权力角度研究问题（Finkelstein，1992；Finlelstein & Hambrick，1996；Westphal & Zajac，

1994)[29][113][114]，坚持这一角度的学者认为高管有能力利用自身的权力影响薪酬。权力指的是个人满足他们的愿望的能力(Finkelstein, 1992)[29]，这种权力可能来源于他们在企业中的位置、他们的社会关系、他们的名誉和地位、他们解决企业战略突发事件的能力，以及资源的依存关系（Thornton & Ocasio, 1999)[115]。所以，首席执行官的薪酬会随着首席执行官的特征而改变，薪酬的总量会增加，波动性会降低，也可能不会以股东利益最大化为衡量基准。高管的奖励薪酬会低于最优薪酬契约水平，首席执行官经常得到过多的固定薪酬（Bebchuk et al., 2002; Gomez - Mejia et al., 1987; Finkelstein & Hambrick, 1989, 1996; Tosi & Gomez - Mejia, 2000)[116][117][118][119]。除此之外，董事对高管的限制职责也在研究之列。学者们质疑董事会是否真的能为股东争取利益最大化，认为实际上董事会与高管之间经常展开权力之争，高管的特征和薪酬之间也是相关联的。学者们还把首席执行官特征定义为管理层权力的特殊来源，长期任职的高管们会通过投票权或自由指派董事会成员的能力来扩张他们的权力，因此，在企业中长期任职的高管能够影响董事会成员，并自由设定更好的薪酬（Hill & Phan, 1991)[120]。首席执行官的各种特征，包括其任期、是否是企业成立时的人员、所有权多少等，都会反映出管理层拥有对抗董事会权力的大小（Wade et al., 1990; Westphal & Zajac, 1997)[121][122]。因此，高权力的管理者，比如说企业的成立者，年龄大的高管，经验丰富者，或者占股份较多的高管，都有可能获取额外的固定高管薪酬，其变动薪酬(薪酬中的激励部分）可能较低。

2.2　管理层权力、绩效与高管薪酬

2.2.1　管理层权力与企业绩效的界定

（1）管理层权力

①权力的定义。社会关系通常体现个体间的相关性。当 A 在实现某些目标或达成某种成绩时，需要 B 作出适当的行为，以促成 A 愿望的实现，A 就依赖于 B。当 A、B 双方相依的时候，双方会不可避免地或多或少地控制或影响对方的行为。与此同时，这些相关性意味着双方某种程度上会满足、拒绝、促进，或阻碍对方的满足感，因此，也就会表现为权力控制或影响他人的内在包括想法和价值观，或是外在事物，如石油资源，这取决于产生问题时的相互关系。以上对于权力的定义是由 Simon 在 1957 年提出的。

Simon（1957）[31]研究认为，A 和 B 直接不对称关系的源泉源于权力。大多数的科学家在 Dahl（1957）[2]对于权力定义的基础上，阐述了不对称关系的后果。Simon（1957）研究证明："当 A 的权力大于 B，A 可以利用权力强制 B 做 B 本不愿意做的事。"除此之外，其他被公认的对于权力的解释起源于 Emerson（1962）[32]对于权力的阐释。Emerson 认为："参与者 A 凌驾于参与者 B 之上的权力是 A 能够克服的 B 所拥有的阻力。"他对权力定义的结论精确详尽地阐述了 Simon 之所以将权力定义为一个相对变量的由来。

以上对于社会权力的定义的特点可以归纳如下：首先，社会权力刻画了一种社会群体间的关系，它就来自这种关系的不对称

性。其次，权力是一个具有倾向性的概念，它指的是某种物体具有发生概率的一种属性特征，这些概率的结果在不同的偶然性下会有所不同。比如，一个玻璃花瓶是易碎的，但如果有些条件没有达到，如没有打翻它，就可能在很长一段时间内看不到由于它的易碎属性而产生的后果。想要弄明白社会权力，读懂这些特点是至关重要的。权力刻画社会关系的事实告诉我们，权力的范围仅限于人们进入的某种关系，如已婚关系，再比如，一个大型企业的首席执行官和企业所有员工的关系。不管一个社会代理的权力范围有多广，它仅限于某种关系。比如说，在企业中，他/她是一个拥有很大权力的首席执行官；在家里，他/她有可能是权力很小的丈夫或者妻子。进一步说，权力在某种特定关系中具有不对称性，这意味着需要在源头寻找产生权力的原因，也就是使关系不平等的因素。因此以上说的第二个定义的特点是十分重要的，因为它指出了权力作为一种能力，可以被执行或不执行。除此之外，它可以被成功使用或不成功使用，积极利用，或滥用。

②权力的基础。Weber（1974）[33]将现代企业权力定义为"在组织内部既定的权力"，也就是所谓的"在组织中的某种职位下被合法赋予的权力"。French 和 Raven（1959）[34]对权力的各个来源和基础作出了最全面的解释和概括，他们将权力定义为一个理性的变量，并将其分为五类，分别是法定权、奖赏权、强制权、专家权和参照权。以这五类权力定义为基础，学者们进行了大量关于组织中个人权力的实证研究。

另一种概念化的权力基础理论始于1960年，Bass（1990）[35]用双因素分类法来研究职位和个人权力。如 Yukl 和 Falbe（1991）[36]指出的，这种分类法并非与 French 和 Raven 的研究相对，只是表现了一种不同的甚至更高层次的抽象的概念。Hinkin 和 Schriesheim（1989）[37]用实证研究的方法，再次支撑了双因素分类法。

③企业中权力的来源。概念化的权力指的是高管如何获得、保持和使用在公司中获得的权力，根据自己的能力达到期望的结果。Hickson 等（1971）[38]认为，如果营运部门、分支和下属机构有控制战略突发事件的权力，或负责自己日常活动的权力，那么他们就是拥有权力的。除此之外，分支机构处理不确定事件的效率，分支机构的活动围绕企业中心策略的程度，以及这些活动是否能被轻易替代都是决定分支机构权力的决定因素。同样的逻辑可以应用于高管的权力上。一个能够控制重要资源和信息的高管拥有着制衡其他管理者或者董事的权力，但是，由于高管工作的战略性和非可编制性，以监察高管权力为目的时，权力的可替代性和中心范围就不那么重要了。高管在企业中的位置决定了其是否具有有效处理突发事件的控制权，因为这些角色通常都是由高管来扮演。更重要的是，处理战略性突发事件和不确定事件彰显了高管的权力，可以增加高管的影响力。

在 Hickson 等（1971）[38]的基础上，Pfeffer（1981）[1]按照控制的资源和技能把组织权力来源分为五类：对企业资源的供给，处理不确定事件，不可替代性，决策影响力和政治影响力。具体如下：

第一，对企业资源的供给。资源供给指的是高管在企业决策中扮演被员工和企业其他人员所依赖的角色，高管需要在企业的运营中分配企业的财政资源、人力资源和信息资源，这个企业资源的供给决策赋予了高管权力。首席执行官通过企业策略制定过程来影响和控制资源分配，并控制企业其他人所需要的财政和信息资源，这是高管权力的组织来源之一。

第二，处理不确定事件。企业中的成员包括员工、其他高管以及相关的利益相关者，需要企业的不确定性降到最低（March

& Simon, 1958)[8]。所有企业的运营过程中或多或少会存在不确定性，企业的经营者必须选择合适的策略来降低运营过程中的不确定性。高管需要通过发展自身的能力来获得权力，以将外部不确定性降到最低。当企业受到外部的环境影响、自身的经营策略受到阻碍时，企业的经营者可能获取更大的权力来处理紧急和不确定事件，所以说处理不确定性事件的职责，赋予了高管更多的权力。

第三，不可替代性。所谓的不可替代性指的是企业高管自身拥有的特殊技能、能力或者是私人拥有的资源，比如人力或信息资源是无法替代的，第三方不能够替代现有的企业高管从事某些工作，替企业创造效益。也就是说，企业的相关人员认为高管拥有独一无二的、含有高价值的能力时，这有助于高管获取企业权力，这是所谓的不可替代性为高管创造权力。Pfeffer（1981）[1]研究证明，在企业高管能够有效控制企业的情况下，企业高管被替代的可能性较低。如果企业的控制权归属于企业所有者，企业高管被替换的概率会大幅度提高。当企业的首席执行官权力最大化时，也就是替代效应最强的时候，这意味着首席执行官在企业中拥有的权力越大，越有利于首席执行官获得企业内部的不可替代感，进而保证自己的不可替代性和权力。

第四，决策影响力。决策影响力指的是在企业中，处于董事会或者董事长位置上的决策者拥有能够进行企业决策并影响企业未来发展的权力。如果企业高管拥有企业决策权，能够控制企业信息，为企业作出策略选择，决定企业发展方向和资金用途，那么他在企业中的权力就会上升，因为这些行为会降低高管对于董事的依赖。紧接着，高管权力进一步的提升，也会降低他们对于企业所有者的依赖。

第五，政治影响力。企业高管对于企业的影响不仅局限于企业内部，外部的影响也不容小觑。在选择董事和行政主管的时候，成功地运用自己的政治技巧也是首席执行官获取权力的一种方法。通过自己的政治影响力，在企业内部选择对自己有利的董事和行政主管，会降低企业所有者对高管的制衡，即首席执行官可以降低自身对企业所有者的依赖。

企业中权力的使用过程，包括创造和维护在企业组织结构上和个人方式上的影响力。从组织结构上来说，组织结构的权力可以通过特殊的企业设置和管理层责任划分，赋予决策权以特殊的位置并使之制度化。从个人影响力来说，来源于个人影响力的权力可以吸引居于企业重要岗位的、对高管所做的行政议程和决策表示赞同的个人。Pfeffer（1981）[1]指出，一旦个人在企业中获取了权力，那么他/她就有可能尝试使这种权力制度化。Salancik 和 Pfeffer（1997）[3]指出，对企业的研究者来说，寻找权力结构的证据，特别是高管的权力是否制度化，是研究管理层权力中至关重要的因素。在判定高管是否可能将权力制度化的时候，首先要判定一个高管是否能影响资源分配和企业结构。Fizel 和 Louie（1990）[39]证明，一些高管通过分配资源获取权力，创建企业结构来保持对股东的控制权。

④管理层权力的分类。Rabe（1962）[40]定义了管理者权力的来源和后果。Rabe 提出，管理层所拥有的权力并非来源于企业权威，相反，其权力来自管理者自身对企业经营进行决策管理并加以影响的能力。权力来源于管理者与企业签订的契约而产生的职位权限，如管理者的经验权力、管理者的专家权力等。管理者通过拉拢企业董事、瓦解董事会、将董事会成员收为己用等方法来增强自身在企业中的权力。同时，企业高管利用获得的权力改变自己的薪酬，获得更多的在职消费和薪金。对高管的薪酬激励有时难以降低企业的代理问题，代理成本并不会随着薪酬的增加

而减少，Crystal（1991）[41]认为，高管可以收买董事会成员，操控董事会，扩大其企业内部权力，从而影响自身薪酬契约的设定，即管理层权力寻租是代理成本不减的重要原因。

Child（1972）[5]认为，权力是策略选择的中心，他建议投资者们通过研究权力来弄明白制度的决策过程。通过对权力的研究，他们可以有信心地预测管理层偏好对于策略决策的影响。其他学者也支持 Child 的观点，认为策略决策是模糊和充满不确定性的。在支持上述观点的研究中，大多数的学者证明权力是策略决策的中央性概念。Murray（1978）[42]研究公共事业企业的策略决策过程，将决策的选择定义为“谈判结果”，他认为当权力分散的时候，策略的改变会逐步增长。Miles 等（1978）[43]研究企业策略选择中组织权力的角色，以六个烟草公司为样本，他们发现，企业中不同权力组的管理者对企业策略起到多样化的影响。这些研究由众多专注高管权力决策方面的学者所验证（Allison & Zelikow，1971）[44]。在以上研究的基础上，Finkelstein 在 1992 年将管理层权力重新进行定义。Finkelstein（1992）[29]的文章《高管团队中的权力：维度、计量和有效性》将管理层权力总结为四类，分别为结构权力、所有者权力、专家权力和声望权力。

第一，结构权力：此类权力是学者们探究管理层权力理论中运用最多的概念，它的产生基于组织结构和企业权威（Brass，1984）[45]。拥有法定权力来执行决策的管理者是具有影响力的，因此，与企业中的其他成员相比，首席执行官从他们的正式的企业职位中获得高于其他人的结构权力。这种组织权威允许首席执行官们通过在某种程度上支配下属，将企业经营中的不确定性降到最低。尽管由于在企业中占据卓越的职位，高管们拥有最多的组织权力，但是结构权力在每个高管手中的表现可能会有所不同。比如，拥有结构权力的高管可能在企业决策遇到争议的时候“摆架子”。也可能将这种影响用一种不直接的形式表现出来，比如高级管理者比低级管理者拥有更多接触高级企业信息或企业资源的机会。一个管理者的结构权力越高，他就越有可能支配下属员工（Finkelstein，1992）。

第二，所有者权力：当管理者以股东代理的身份行使他们的权力的时候，他们所行使的就是所有者权力。因此，管理者委托代理关系的强弱是所有者权力的决定因素。这种权力大小也取决于所有者是否也是企业的建立者。比如说，其他因素不变，一个高管在企业中占有重要股权，会比同等情况下没有股权的高管所拥有的权力大得多（Zald，1969）[46]。除此之外，如果高管是企业的建立者或者与建立者有关联的话，企业所有者与高管之间长期的合作关系会促使高管们由于其地位与职务获取企业控制权，并向董事会传递此类信息，有利于高管操控企业（Finkelstein，1992）[29]。

第三，专家权力：此类权力指的是高管处理环境突发事件的能力，它是一种权力的重要来源，与企业的成果息息相关（Crozier，1964）[47]。环境的不同因素可能会对企业产生不确定的影响，比如说顾客、供应商、竞争者和政府的不同行为都会影响企业经营。经营者与事件相关的相关者建立越多的联系和越好的关系，他们就拥有越多紧急事件发生时处理它们的能力，即他们的专家权力越高（Finkelstein，1992）[29]。拥有专家权力的管理者在企业特定决策上有重要的影响力（Yetton & Bottger，1982）[48]。除此之外，管理者经验的多少也会影响他们处理严重紧急事件的能力。

第四，声望权力：此类权力是指以个人声望和地位为重要来源的权力。管理者在企业环境中和股东心中的声望，影响他们在企业中的影响力（Dalton，Barnes & Zaleznik，1968）[49]。企业外部的政府部门、金融机构及其他相关组织构成了企业环境，企业必须得到他们的支持和承认才能够发展（Scott & Meyer，1983）[50]。管理者通过对于外部环境信息的掌握，降低企业的不确定性来增加自己的声望权力。外部机构中的“管理精英”在其企业中十分活跃，通过外部合作，名望管理者可以通过自身名望获得对企业有价值的信息，类似于企业对外交流的“明星”（Tushman & Romanelli，1983）[51]，通过与企业外部的个人交流获得企业内部权力。Galbraith（1973）[52]认为，信息获取是企业减少不确定性的重要方式。

本书借鉴 Finkelstein（1992）[29]和谭庆美（2014）[30]的研究，剔除专家权力，从组织权力、所有者权力、声望权力三个维度对管理层权力进行度量。在专家权力上，本书认为在我国企业中，管理层受教育程度与其自身能力等因素对管理层权力的影响较小。因此，本书借鉴卢锐（2007）[247]对我国企业管理层权力的相关研究，选取股权分散程度来衡量管理层权力。本书将以上四个不同角度对管理层权力衡量指标分别进行统计，然后求和，得到管理层权力的综合指标。

（2）企业绩效

企业是以盈利为目的的组织，通过企业内部进行生产，为社会供给产品和服务，从而获得酬劳。前人学者对于企业绩效（corporate performance）并没有统一的定义，通常将其视作企业综合创收水平，包括其资金运营水平、盈利能力、发展能力、竞争力及偿债能力等多个方面。对于企业绩效的度量一般分为会计业绩和市场业绩两种，两种方式相比，市场业绩受到外部等变动因素的影响更大。McGuire（1962）[54]认为，会计绩效在测量企业绩效时会将管理层绩效更好地考虑在内，因此，本书在对管理层权力、高管薪酬与企业绩效关系进行研究时，选取会计绩效并用资产收益率（Return on Asset）作为衡量指标进行研究。

2.2.2 管理层权力影响企业绩效的理论基础

（1）企业成长理论

在 Edith T. Penrose 的研究基础上，J. A. Schumpeter 进一步对企业的成长性和发展性进行了解释。Schumpeter 的企业发展理论认为，管理层将企业产品服务价值链重新创造组合后创造出的“新产品”作为其企业的产品特色，是保证企业的发展关键因素。Penrose 的企业发展研究证明了企业发展的原因和发展的机制，但是企业的持续发展还要依于 Schumpeter 的新结合理论（杨洪波，2011）[123]。

Penrose（1959）[124]开始从企业性质角度研究决定企业发展速度的内部机制，认为企业是人力资源和物质资源的结合，企业特征和资源的利用是影响企业发展的重要因素。企业特征、企业资源和管理者决定着企业的生产能力。企业的发展取决于企业资源是否能够有效利用并组合，从而高效生产出企业价值。管理层的职责就是充分将企业资源相互组合，以达到资源效益最大化。因此，企业的管理层就成为企业发展、提高企业价值的关键。管理层的能力被认为能够给企业提供创造新的效益的机会。第一，彭罗斯指出，企业资源的多少对企业价值的影响尽管重要，但是企业管理和安排资源的方式将对资源的使用效率产生差异。这是企业创造效益的源头。彭罗斯将企业生产资源与服务明确加以区分。在企业资源相同的情况下，企业的生产效率和价值会受到生产服务的影响。同一行业的企业与竞争对手的差别在于是否能够创新地进行资源配置，以创造优于竞争者的生产效率和效益。第二，彭罗斯提出，其他条件一致时，管理者的经验是企业生产效率的决定因素，管理层可以将企业的资源合理配置后，提高企业科技水平和生产水平，增加企业的竞争优势。有经验的管理者可以利用自己的经验和能力激发企业的创新研发水平，化身为促进企业发展的催化剂。第三，企业管理者的综合能力和技术水平是企业快速发展的瓶颈。只有管理者充分利用企业的资源和现存信息，才能选择出企业最好的成长方式。第四，彭罗斯发现当企业的管理者被企业聘用后，其所拥有的企业内部的知识对企业的发展和成长有重要作用。长期在企业内部的管理者拥有的专业知识是专用的，是不可能被模仿的，是企业发展的重要力量。企业因为这些管理者的特有知识和能力而产生了优于竞争者的优越性。同行业竞争者很难与拥有专业知识的管理者进行竞争。所以说，拥有专业知识的管理者是企业超越竞争者、快速发展的重要保证。第五，彭罗斯理论认为，管理者的企业家特性也是不可小觑的。管理者不只是对于生产和服务过程进行管理和配置，也应该善于发现企业中的成长性。如果企业的管理者拥有发现企业在现阶段的情况下能够继续发展生产机会的能力，这就意味着企业能保持长期发展和进步。第六，彭罗斯指出企业资源的充分利用能够促进企业发展，但是这并不意味着企业的长期发展。企业要长期发展，就必须在企业不断发展的时候，对管理层及企业结构进行改变，这些改变包括管理者的职责和管理结构的改变。

综上所述，彭罗斯的成长理论的重点在于既定资源的前提下，企业通过发掘机会来深度挖掘和利用已有资源，属于资源的扩展利用，发展方向是企业已有信息的扩展。熊彼得（J. A. Schumpeter，1990）[125][126]研究的重点在于不同的组织能够为企业的发展作出什么不同的贡献。两者关于企业发展的理论是可以融合在一起的，并不是完全不相通的。管理者通过对企业资源和信息以及不同的组织进行关注，对其进行“新结合”“新融合”，“新结合”后的企业将拥有更多的资源，这样企业的创造力和生产效率就可以得到提高，企业的管理层结构也要求改变和提升。提升的方法就是运用彭罗斯的理论，充分利用已有资源和信息，深度挖掘和利用，提高企业产出、效益和企业的组织能力和结构水平。彭罗斯沿着熊彼得理论延续企业的发展和生命，提出企业的发展就是两种力量交替进行。彭罗斯发展了关于企业认知能力的理解，认为应该提高管理者的专业能力、创新能力、判断能力。

（2）管理租金理论

管理租金理论是对资源约束理论（Resource - Based Theory）的扩展。Castanias 和 Helfat（1992）[127]认为，将企业资源和信息与企业管理者的能力融合配置后，企业的经济租和竞争优势都会有很大的提高。企业管理层的能力有三种：第一种是普通的才能，这种才能是在不同行业或者企业中都通用的，不会因为企业或行业的变更而减少；第二种是与行业相关的才能，这种才能只有在特定的行业里才能够展示和应用；第三种是公司相关的才能，这种才能只有在特定的公司中才能发挥作用。不论以上三种能力是管理层天生拥有的还是后天学习的，他们拥有这些高级的能力可以帮助企业产生经济租。就生产而言的经济租可以分为两类：李嘉图租金/稀缺租金（Ricardian/scarcity rents）和准租金（quasi - rents）。准租金被定义为一件资产的最优使用价值与次优使用价值的差额。资产选择一种特定用途的时候，会损失掉选择其他用途的价值。李嘉图租金/稀缺租金来源于需求的稀缺性（Rumelt，1987）[128]。相对稀缺这个概念与资源的优越性紧密相连，如果一种资源生产出来的产品或服务优于类似的资源所生产出的产品或服务，那么这种资源就需要额外收费，即李嘉图租金/稀缺租金就此产生。与非优越性资源相比，有优越性的资源的供给有限，有限的资源也是李嘉图租金/稀缺租金产生的源泉。当人们有效使用优越性资源而产生李嘉图租金/稀缺租金的时候，这种租金叫作有效率的租金（Rumelt，1987）。

三种管理层能力，即普通能力、行业相关的能力和与公司相关的能力的大小可以根据他们能产出李嘉图租金/稀缺租金和准租金的多少来评定。普通能力不能产生准租金，因为它们在企业之间是可以互相流通的。企业相关和行业相关的技能是可以产生准租金的。一旦一个管理者获得与行业有关或企业有关的专业知识和技巧，他们就会在行业和公司中拥有更高的价值，进而产生准租金。三种管理者的能力都能产生李嘉图租金/稀缺租金。

当高管拥有特殊技能的时候，他们是否使用和在多大程度上使用他们的技能来产生租金，取决于企业的激励机制。获得赚得的租金后，高管能得到的越多，他们越愿意去创造租金。这意味着，探讨激励高管创造管理租金和租金发生的方式对企业来说是非常重要的。促使管理者掌握能产生李嘉图租金和准租金的管理者技能的激励因素分为两类。产生李嘉图租金会对管理者使用和获得产生租金的能力起到积极的激励作用，但是准租金可能不会像李嘉图租金一样对管理层产生租金，进而有积极的激励作用。相反的，管理层能运用他们的能力恰当地处理准租金，管理者不会因为诱因而作出错误的行为，因为这也许使企业甚至行业产生准租金的损失。取决于管理者的综合能力所产生租金的机会，会对管理者产生有效的生产租金发挥积极的激励作用。高管可以通过以下方式来获取他们赚得的租金：薪酬；事前奖金（在新计划一开始的时候）；事后奖金（一旦租金被获得时）；股票期权和其他的递延酬劳、股份所有权、利润分摊；额外津贴。除此之外，管理者可以获得未来获取租金的权力，例如，投资未来租金创造项目，或者将现金和资产保留在公司内部，等待下一次使用。管理者能够获取他们创造租金的一部分的数量，取决于高管与股票市场投资者的关系，反过来，不同的激励程度也会影响管理者创造租金的数量。

管理租金理论将企业管理者因素加入企业资源中，强调了管理者的能力和专业技能对于企业经济租的产生起到重要作用。其缺点是仅考虑了管理者所拥有的权力中相关的能力与技能，没有将其他因素与之相结合，研究探讨范围过于狭窄。

（3）委托—代理理论

Jensen 和 Meckling（1976）[129]将代理关系定义为一个或多个委托人委托另一个人（代理），代表他们来行使一些权力或者履行服务的合同，这些权力中包括一些权威的决策权。如果关系双方都是效用的最大化者，那么代理的一方可能就不会以委托人的利益最大化为前提来行使委托权了。委托人可以通过建立适当的代理奖励机制和成本的控制机制，来限制代理与自己可能产生的利益分歧和代理的异常行为。除此之外，在一些情况下，委托人可以通过支付代理契约成本（bonding cost）来保证代理不会实施有害于委托人的行为，也可以保证如果代理实施这种行为，委托人的利益会得到赔偿。但是，就委托人与代理的关系而言，通常情况下，想要无花费和成本就能保证代理从委托人的角度作出最好的决策，这是不可能的。在多数代理关系中，代理与委托人之间通常发生监视和契约成本，另外，代理决策和委托人利润最大化的决策之间总是有或多或少的分歧。这种由于代理与委托人之间由于分歧产生的价值也是代理成本的一种，即代理问题中的“剩余损失”。Jensen 和 Meckling 将代理成本总结为三类之和，分别为：委托人的监视成本；支付代理的契约成本；剩余损失。以上三者之和组成了代理成本。

Jensen 和 Meckling 分析了企业所有者和经营者之间的利益冲

突，认为二者是委托人和代理人的契约关系。管理者并非所有者时，其双方的职能有所不同：企业投资者承担企业投资风险，企业管理者享有企业决策提案权和实施权。双方的目标和利益的不同自然导致矛盾的产生。Jensen 和 Meckling 研究了双方冲突而引发的代理问题及代理成本（agency cost），他们提出，代理问题及代理成本的减少需要配合企业的激励机制，即企业所有者（委托人）为了减少与管理者之间的利益冲突和信息不对称性，需要设计出适合的企业激励制度，将企业管理者（代理）的机会成本降低的同时，促使企业管理者展示自己的私人信息。

两人或两人以上进行协同合作的时候，即使没有明确委托—代理关系，代理成本也会产生。Jensen 和 Meckling 在《企业理论：管理层行为，代理成本与股权结构》一文中指出代理成本的概念，以及他们对于企业理论的重要性。由于企业中股东和管理层之间的关系是纯粹的代理关系，因此所有权与控制权分离导致现代分散的股权企业中通常会有代理问题的产生，是不足为奇的。用代理来替代委托人行使权力，存在于所有企业各个等级的管理层中；不论是学校、企业、合作社、政府部门，还是工会，都存在代理关系。关于代理成本在各类机构中的形式，以及为何他们会产生的研究，丰富了企业理论。

Jensen 和 Meckling 对于代理成本的研究，丰富了关于所有权结构所产生的代理成本差异化及解决措施。其研究在新古典经济学对企业研究的“黑匣子”（假设信息是完全的，不考虑进一步获取信息以增加资源配置有效性问题，且不认为信息传递的效率与获取信息的激励间存在冲突，仅仅考虑企业的所有权与经营权是分离的，并没有充分重视股东与职业经理人之间的利益冲突与信息不对称性可能产生的问题）的基础上，将企业投资者、管理者、顾客等人力资源、物质资源融为一体进行研究，进一步剖析了企业家理论的研究范畴，从企业信息和股东、管理层信息不对称角度丰富了企业家理论，展开了从契约角度研究职业经理人行为的新篇章，为企业治理理论的后续发展奠定了基础。

传统的委托人、代理人理论研究的是企业所有权结构的改变对管理层的激励作用，侧重点在于管理者个人的为股东争取权益的“努力”因素，试图通过激励机制增加企业经营者的“努力”，将代理成本降到最低。缺点就是代理人的“能动作用”没有得到足够的重视。现代企业中的股东对于企业管理者的监督可以通过代理合同予以加强，代理合同由董事会负责。董事会监督管理层行为并制定其薪酬，一旦管理者在企业经营中损失了股东的利益，没有将股东利益最大化列为其首要目标，董事会将减少管理层薪酬或将其解雇。代理理论认为，通过董事会的监督和执行，管理者与股东的利益冲突将会减少，进而代理成本也会降低，但企业中董事会的权力可能会受到以下因素的制约：第一，信息的不对称性。企业的高管经营企业，拥有企业经营权，对企业的资源和信息情况了如指掌，由于长期任职，拥有适合本行业或本公司的专业技能，在决定企业重大决策的时候，企业高管所提供的信息和建议对董事会来说起到至关重要的参考作用。这就给予了高管为自己获得个人利益的机会，使董事会难以完成职责和履行权力。第二，股权结构的分散性。当企业的股权过于分散的时候，股东不能实施监督职能，大多数小股东难以对企业管理者实施监督和监管。企业中股东“搭便车”的情况为企业高管偏离代理职能、谋取私利的行为提供了可能性。第三，目标的非程序化。企业管理层人员的工作安排和目标是非程序化的，非程序化的目标意味着不可测量性。董事会难以度量和确定管理者是否全心全意为股东利益争取最大化。第四，高管操控的内部董事。董事会代表股东行使对管理层的监视职能，但如果在董事会成员中，内部董事的比例过高，而内部董事的决定又受到高管的操控或影响的时候，董事会的权力就会被削弱甚至剥夺。相反，管理层的权力就会超越应有的范畴（杨洪波，2011）[123]。上文可以说明，对于代理问题的研究不能仅依赖于董事会的制约作用，企业应该增强董事会的独立性，保证董事会成员的权力，使董事会成员能够真正行使权力从而有效制约管理层。

2.2.3 管理层权力与高管薪酬研究

（1）国外文献评述

高管薪酬的设定并不是由股东们完成的。股东们选择企业董事们在遵循企业法的基础上，对企业进行管理。董事们职责中最重要的部分就是设定高管薪酬的数量和结构（Fama & Jensen，1983）[130]，这就意味着董事会的组成会影响到高管薪酬的结构。很多证据显示外部董事（并非在企业内部工作的）与高管之间的联系更相互独立一些，因而与内部董事相比，能够更好地代表股东的利益。Rosenstein 和 Wyatt（1990）[131]发现，外部董事的任职对股票价格会有正面的影响。Weisbach（1988）[132]研究证明，当企业股票价格绩效不好的时候，高管被替换的可能性会增加，这种可能性随着外部董事的数量的增多而更加显著。

Boyd（1994）[133]研究证明，董事会控制管理层的能力与高管薪酬显著负相关。Bebchuk、Fried 和 Walker（2002）[116]认为在股权分散的前提下，经理人拥有权力过多，为其运用自身权力谋取高水平薪酬提供了充足条件，因此高管薪酬激励有时会成为委托—代理问题的一部分，而并非解决代理问题的手段。Bebchuk 和 Fried（2003）[134]研究证明，管理层权力的扩大来源于企业股东无法行使股东权力，董事会无法独立进行决策及市场不能有效地对其进行约束。在高管薪酬体系的建立过程中，管理层对其进行了干涉，建立起有利于自身的薪酬激励体系。Grinstein 和 Hribar（2004）[135]研究发现，董事会的决策受到管理层权力的影响，管理层更易获得更高的薪酬。Rylan 和 Wiggins（2004）[136]发现，当企业高管与企业董事长两职兼任时，企业高管得到的主要薪酬并非股权激励，而是现金形式的薪酬激励。Jackson 等（2008）[137]发现，上市公司的高管薪酬具有黏性。“管理权力论”在实践中得到了更多的支持，该研究发现很多时候高管自身的权力可以影响甚至决定自己的薪酬（Core 等，1999）[103]。Fahlenbrach（2009）[138]从六个视角（两职兼任、高管任期、董事会规模、独立董事数量、机构投资者持股、G 指数）来衡量管理层权力，证明了管理层权力与总薪酬呈现显著的正相关关系。

（2）国内文献评述

对于高管薪酬理论与应用的研究，国外学者起步较早，较多选择上市公司为研究样本，通过实证研究得到相关结论，但由于国外与中国的经济体制有所差异，其研究结论对我国高管薪酬的制定不完全适用。国内学者关于高管与薪酬业绩敏感度的研究结论并不一致。吕长江（2008）[64]的研究认为，管理层权力作为企业治理的重要因素，既能够影响公司的高管薪酬机制，也能够影响薪酬与业绩的相关性，国内其他学者的研究结论都论证了此观点（赵纯祥，2009；龙娟，2011）[139][140]。权小锋等（2010）[141]研究证明，薪酬的变动、业绩的操纵与管理层权力的大小有直接关系。企业中管理层权力越大，利用盈余获得更多绩效薪酬的概率越大。中国上市公司中，高管薪酬权责不对等情况的愈演愈烈，正是由过高的管理层权力导致的（方军雄，2011）[142]。

（3）小结

虽然上述有关管理层权力与高管薪酬的研究，从不同的角度证明了管理层权力与高管薪酬的变动有直接关系，但是国内学者对于两者之间关系的结论并不一致，且多数关注于企业内部治理机制，未将企业外部治理机制引入研究模型中。本书认为，产品市场竞争作为外部治理机制，抑制管理层运用权力谋取私利的有效机制，会影响管理层权力与高管薪酬的关系。因此，不同的产品市场竞争条件下，管理层滥用权力提高自身薪酬的行为是否受到约束，以权谋私的现象是否受到抑制，都是本书待解决的问题。在经济转型的特殊时期，我国企业性质的不同造成了管理层权力来源与大小，以及企业内部机制的不同，探究我国国有企业和非国有企业中管理层权力对高管薪酬影响的程度差别，以及造成这种差别的原因也是本书要研究的重点。

2.2.4 高管薪酬与企业绩效研究

(1) 国外文献评述

最早开始研究高管薪酬与企业绩效关系的国外学者是 Taussing 和 Barker (1925)[89]，研究证明高管薪酬与企业绩效之间无相关性。随后，McGuire[54] 等人在 1962 年将高管薪酬、企业规模与企业利润进行研究，发现高管薪酬与企业收入呈正相关关系，而企业利润与高管薪酬之间并无显著相关性。企业往期销售及收入的数量直接影响到高管薪酬的高低与设定，因此，McGuire 等人认为相对于未来的激励作用，高管薪酬起到的更多是对过去业绩的奖励作用，因此，高管薪酬的激励作用并不十分显著。Drucker (1984)[143] 研究发现，高管薪酬与企业绩效无显著相关性。而同时期多数学者都认为，销售收入是影响高管薪酬的最重要因素，企业绩效与高管薪酬的相关性很小。

1970 年，Lewellen 和 Huntsman[88] 提出了与 McGuire 等人研究相悖的结论。Lewellen 和 Huntsman 研究认为，影响高管薪酬制定的重要因素包括股票的市场价值与报表揭露的企业利润，高管薪酬的高低与企业销售收入无直接关系，即企业高管薪酬是由企业利润决定的，而非企业的销售收入。

Murphy（1985）[55]提出，以往学者对于高管薪酬的测量并不全面，未包括期权、递延薪酬与股权等薪酬奖励形式，并且，以往多数研究均选取截面分析法，得到的结论仅限于当期高管薪酬与企业绩效的关系，并未将企业过去绩效，企业资本结构与规模、企业管理层能力与责任等涵括在研究范围内，因此得到的结论可能会存在偏差。Murphy 采用时间序列回归法，选取 1964—1981 年美国上市公司数据，将企业股票溢价、股利和销售收入作为衡量指标，研究企业绩效的波动，探究薪酬激励体系与绩效的相互关系，研究显示，三者均与高管薪酬之间存在显著正相关关系，由此证明了企业绩效与高管薪酬的正相关关系。1990 年，Jensen 和 Murphy[144]研究发现企业绩效不受固定薪酬与奖金的影响，二者间不存在显著相关性，企业价值每降低 100 美元，其薪酬会降低 14 美元，因此，二者较低的敏感性不能有效地激励高管为企业服务。而在不同行业中，二者的敏感性存在差异。

Lee（2009）[145]选取与业绩相关的高管薪酬为研究变量，来探究企业会计绩效与高管薪酬之间的相互关系，试图研究在不同年度中企业业绩的变化对高管薪酬的影响。在将澳大利亚与新加坡上市企业进行对比后，得出如下结论：高管薪酬与企业业绩存在相关性，且会计业绩的变化也能对高管薪酬产生影响，但是企业治理结构对高管薪酬无影响。

关于高管薪酬与企业绩效关系研究的另一个分支为 Jensen 和 Meckling 提出的企业经营性质的影响力。Jensen 和 Meckling（1976）[91]提出所有者结构，高管薪酬和董事会的组成是相互影响的，并被企业经营性质（如企业风险、企业资产性质、现金流、企业规模等）决定。他们还指出，这些变量也会影响企业的绩效。尽管他们之间的复杂关系被西方学者所洞悉，但是只有少数学者对薪酬结构进行全面的研究，学者更多注重的是关于高管薪酬与企业绩效关系的实证研究。企业高管，像大多数企业成员一样，在以往西方学者的研究中被列为风险方案者。Harris 和 Raviv（1979）[146]提出，与股权薪酬激励相比，管理者更希望得到固定的现金薪酬以保证自己的固定收入，因为企业管理者想要保证自身得到固定薪酬收益，所以他们不想承担个人风险。股权薪酬激励方式将高管的薪酬与企业股票回报相关联，从某种程度上来说，股票价值的变动超越了管理者的控制。除此之外，从人力资本角度来说，一个管理者人力资本的价值也会随着企业股票价值的变动而改变。为了减少高管获得薪酬的不确定性，高管愿意在经营中降低企业的风险，这种行为反过来会对股东的财富起到负面影响（Jensen & Meckling，1976；Amihud & Lev，1981）[91][147]，进而对企业绩效起到负面作用。另外，股东对风险的态度可以说是中立的，因为他们可以通过投资组合将企业的具体风险分散化。除此之外，股东预期管理者可能会避免风险而降低企业价值。当然，有许多方法可以降低关于风险问题上双方的冲突。之前的研究中，有学者指出，可以将高管的薪酬与企业的绩效相联系，来激励他们多作对价值最大化有益的决策（Holmstrom，1979；Harris & Raviv，1979；Grossman & Hart，1983）[112][146][148]。其他的研究证明，可以通过将高管薪酬中的大部分比例设为股权激励方式，比如可以给予管理层股票期权等（Jensen & Murphy，1990）[144]。有研究者发现，薪酬奖励机制可以引导管理者承担更多的风险（Hirshleifer & Suh，1992）[149]。基于以上原因，股东愿意在给予高管固定薪酬的基础上，增加更多的股权激励的形式，来提高企业绩效和自己的财富。

关于企业业绩与高管薪酬的关系结论，多数西方学者认为二者间不相关或存在正相关关系，但是也有学者得到与多数研究不同的结论。Miller（1995）[150]的研究认为，企业绩效和高管薪酬之间并不存在线性关系，而存在凸向关系。

（2）国内文献评述

国内关于高管薪酬与企业绩效关系的研究起步较晚，从1998年开始，中国上市公司开始要求披露高管薪酬与股权信息，因此，中国关于高管薪酬与企业绩效关系的研究从1998年开始，至今为止，对于二者关系的研究依旧没有统一的定论。李增泉（2000）[56]选择中国上市公司的净资产收益率（Return on Equity）作为衡量企业绩效的指标，研究企业绩效与高管薪酬激励的关系，证明企业绩效与高管薪酬之间无显著的正相关关系。耿明斋（2004）[151]选取中国上市公司为样本，研究表明，由于中国企业的内部治理机制并未与我国市场规则相一致，导致了企业绩效与高管薪酬之间无显著相关性。

张晖明和陈志广（2002）[152]建立回归模型，选取净资产收益率作为企业绩效的衡量指标，选取高管薪酬与高管持股数量作为解释变量，研究企业绩效与高管薪酬与持股数的关系，研究结果表明，企业绩效与高管薪酬与持股数呈显著正相关关系。胡婉丽等（2004）[153]表明，高管薪酬的升高会推动企业绩效的发展。张俊瑞（2003）[154]和杜兴强（2007）[155]等学者也认为，我国上市公司高管薪酬与企业绩效之间显著正相关。杨青等（2010）[156]建立混合回归模型，研究我国上市公司自2005年至2008年的数据，发现企业绩效随着高管薪酬的增加而提高，二者存在显著的正相关关系。卢锐（2011）[157]等人将企业内控质量加入研究中，发现内控质量、高管薪酬与企业绩效显著正相关。李兴江和何晓艳（2013）[158]选取我国非国有上市公司为研究样本，回归结果显示中国民营上市企业的高管薪酬显著正相关于企业绩效。

除此，鲁海帆（2011）[159]和张顺（2010）[160]的研究结果中提出了高管薪酬与企业绩效间非线性关系的结论。林浚清（2003）[62]选取我国上市公司有效数据进项研究后发现，高管薪酬差距与企业绩效间不存在倒“U”形关系。

（3）小结

高管作为企业的重要人力资源在企业中发挥日益重要的作用，随着市场经济的完善与知识经济的发展，发展与完善薪酬体系是吸引高管、保证企业效益的有力保证。从以上国内外文献来看，西方与我国学者对于高管薪酬与企业绩效的关系研究未达成一致。相似的是，西方与我国学者在研究二者关系的早期，均认为二者无显著相关性，而后期多数学者认为二者存在正相关关系，少数学者提出了非线性关系或凸向关系，这可能是由于研究时间的不同导致的数据差异，以及前期数据披露不足而导致的。管理层权力作为公司治理机制的重要组成部分，对高管薪酬的制度与体制产生巨大的影响，本书在前人研究的基础上，考虑管理层权力作为企业治理机制的重要组成部分，对高管薪酬与企业绩效关系产生的影响，并且研究不同的外部治理环境（不同的市场竞争强度）下相互关系的变化。

2.3 产品市场竞争的理论基础

产品市场竞争是产业经济学中产业理论的一个重要概念，主要研究企业在商品市场的经营过程中为了利润最大化的市场竞争行为。作为企业进行产品市场竞争的最终目的，企业的利润与绩效值得研究。本书将产品市场竞争作为调节变量，研究在不同的市场竞争环境下，管理层权力、企业绩效与高管薪酬之间的关系和敏感性变化，为企业在市场竞争环境下，制定恰当的管理层权力、高管薪酬的相关机制，达到利润绩效最大化提供有效启示。

2.3.1 市场竞争的产业组织理论

产品市场竞争来源于学者对于产业组织理论的研究。Adam Smith（1776）[161]的劳动分工理论和竞争理论提出了产业组织理论的概念。Marshall（1879）[162]在亚当·斯密的基础上定义了产业组织理论。他提出了内部结构的重要性，专注于产业内部如何有效地分配企业资源。基于Marshall的观点，现代产业组织理论的基础——垄断竞争理论形成了。垄断竞争理论认为，垄断和竞争并非相互对立的，相反，它们被认为是互相交织存在的（Chamberlain，1933；Robinson，1933）[163][164]。产业组织理论的研究主要分为四类：哈佛学派、芝加哥学派、新奥地利学派和新制度学派。

哈佛学派的Mason（1938）建立了产业组织理论的基础体系。Bain（1959）[165]随后在《产业组织理论》中提出了产业组织理论的核心内容：Structure - Conduct - Performance理论（SCP理论）。Structure，Conduct和Performance分别代表市场结构、行为与市场绩效。市场结构是生产者和购买者在市场中的数量、结构、产品的差异和竞争企业进入市场的壁垒，是企业与企业关系在市场中的比较。产品差异包括企业生产产品的质量、性能、技术、外观等，壁垒指的是企业想要进入本行业的障碍和阻碍程度。企业面临的市场竞争程度的不同，垄断、寡头垄断、垄断竞争和完全竞争组成了市场结构。企业行为是指企业的供需关系，其与其他公司的不同关系会影响企业的利润和效益，所以在不同的市场竞争条件下，企业为了达到既定目标会慎重选择战略与策略。市场绩效是企业综合内容的一种状态，如产品价格、质量、种类、企业技术水平、企业利润等水平的高低。哈佛学派认为市场结构（Structure）、行为（Conduct）和绩效（Performance）之间的关系是单向的，即结构（Structure）决定行为（Conduct），行为（Conduct）决定绩效（Performance）（黄蕾，2011）[166]。哈佛学派学者还认为，行业中市场集中度与市场绩效成负相关关系，即行业集中度越高，市场绩效越差。当行业集中度过高的时候，行业中的企业会提高商品价格，设法阻碍竞争企业进入行业，从而获得垄断竞争下的额外收益。行业集中度适中的行业中的企业的市场结构容易达到预计的企业效益。企业进入市场的阻碍对于市场的绩效起到消极的影响作用。与低集中度的行业（进入行业阻碍相对较大）相比，高集中度的行业（进入行业阻碍较小）的市场绩效表现尤为不好，因此，减少企业进入市场的阻碍可以促进和提高市场绩效，这些阻碍被认为主要是人力产生的。顾客的购买力不会随着商品之间差异的增大而增多，增加产品间的相互差异并不能提高市场绩效，但是企业需要有自身的特点，企业需要有各自的产品特征以区别市场中的其他企业。学者认为，市场行为与市场绩效之间的关系难以准确地评估。竞争企业在市场中施以相同的策略和行为，却可能得到不同的市场回应。企业在竞争环境中得到的市场回应与企业绩效表现是体现企业行为的标杆。本学派学者还认为，政府应对市场进行调控，控制市场行为和结构，正面的政府调控政策对市场的有效发展和市场结构的构建起到很大的促进作用。哈佛学派对于市场竞争的SCP 理论的缺陷和问题在于其研究方法，主要使用静态的实证研究方法，缺少理论支撑，过多地关注市场机构对市场行为的影响作用，缺少对信息等其他因素的分析。

20 世纪 60 年代至 70 年代，芝加哥学派对产业组织理论又给出了新的观点，这影响了美国政府自80年代以来的竞争性反垄断政策。经济自由与社会达尔文主义成为此学派的理论基础（王忠宏，2003）[167]。以德姆塞茨、施蒂格勒、布罗曾、特尔塞等芝加哥学派学者反对哈佛学派学者的结构行为绩效体系（SCP），他们利用价格作为研究基础并得出结论：企业利润的高低不是由行业内的集中度所决定的，高集中度行业的企业并不一定能获得高利润。企业利润的高低取决于企业的效率，面临竞争性企业，企业生产效率的提高有助于企业获得更高的利润，进而扩展市场占有率与集中度，提高其规模。提高市场占有率与绩效的根本途径为生产效率的提高，这是企业最需要关注的问题。企业经营自由，在完全竞争的市场环境下才能发挥企业竞争的最大效用。该学派强调市场中企业自由经营与竞争是最优选择，通过竞争，优胜劣汰，有竞争性的企业留在市场，市场结构是无法通过人为来操控和影响的。在市场壁垒问题的研究中，芝加哥学派学者对于新企业进入竞争市场壁垒的界定要窄于哈佛学派的定义，他们认为，如果新企业的生产成本能够低于或相等于已存在于市场中的企业的生产成本，那么新企业就可以自由地进入市场。政府应该充分发挥市场机制的力量，撤掉政府管制，只有将高效率的企业留下，通过竞争淘汰低效率、亏损的企业，竞争性企业才会进一步扩大市场份额，更多地占有行业市场，扩大集中度。综合来说，不论市场是垄断与否，政府调控都是没有必要的，企业提高自身效率是企业生存和市场发展的重中之重，市场绩效才是影响市场结构的重要因素。

新奥地利学派在产业组织理论方面的结论不同于哈佛学派和芝加哥学派的地方在于，之前的学者仅限于静态分析的研究方法，而其运用了动态的市场分析法。新奥地利学派反对哈佛学派的政府干预理论，认为市场自身可以解决所有的问题。他们提出，市场竞争的过程、行为、自由都应该受到尊重和维护。政府，作为社会公共资源的管理者，需要关注的是企业们是否拥有支配潜在的竞争者的权力，而不是资源是否被企业们所垄断（李悦，2002）[168]。在此基础上，新奥地利学派提出，产品市场竞争激烈时，企业管理者控制企业资源以满足顾客需求，并得出结论：与小企业规模相比，企业规模较大时，管理者能够发现小企业发现不了的机会，并根据这些机会获得额外利润。但是这种机会的发掘能力也取决于企业家自身分析能力、信息量和冒险精神，而大规模的企业由于其规模性拥有更多得到高能力企业管理者的能力。企业规模的扩大即吞并与排除其他竞争企业的过程，在此过程中，市场中低效率的企业将退出竞争市场。综上所述，新奥地利学派理论与芝加哥理论都反对政府干预，但是各自拥有自己的关于竞争的方法和理论基础。

社会发展的不同阶段和时期都有各自的制度，这些制度的结合就构成了社会生活方式。波力和米恩斯在 1932 年将此观点引入产业经济理论进行研究后得出结论：当市场中大公司的数量有所增加，并且股票市场繁荣发展的时候，市场对于股份制公司的制约开始减弱，此现象产生的原因新古典经济学家没有加以阐明。Galbraith（1952）[169]作为新制度学派的代表人物，提出市场竞争中企业“抗衡力量”的变异行为，在寡头市场垄断资本主义条件下，取代了竞争机制。“抗衡力量”既让资本主义摆脱垄断，又能减少由于企业间过度的激烈竞争导致的负面结果。新制度学派的研究结论表明：竞争与垄断是一种博弈的关系，市场中企业间的竞争对企业与市场都有积极作用，但是过度竞争与竞争不足都是会起相反作用的。企业间之间没有竞争就会导致垄断的发生，垄断会侵害消费者的利益，但是从另一角度说，垄断的企业可产生规模效应，也可以给购买者与市场带来益处与利益。

综上我们可以得知，以产业组织力量为基础，各学派以不同的观点和研究方法对市场中的企业与消费者进行研究，得到不同的结论。市场竞争力与企业规模影响企业规模效应之间存在博弈关系。SCP 理论框架是众多学派的研究基础和产业组织理论的核心。

2.3.2　市场竞争程度为基础的市场结构

明确企业市场竞争情况是研究市场竞争状态的基础。根据企业在市场中面临的竞争程度不同，竞争市场可以分为完全垄断、寡头垄断、垄断竞争与完全竞争四类。

当市场中出现十分极端的市场竞争状态即完全垄断，指的是市场中不存在竞争。企业在完全垄断市场中不会面临任何竞争。产品的市场集中程度为 $CR_i = 1$，企业所生产的商品是独一无二的，也没有可替代的商品在市场中进行销售。完全垄断市场下的商品价格是在政府掌控下价格的最大限度。其他竞争者想要进入本行业，将面临最高的壁垒。完全垄断市场下的行业主要是公共事业，如铁路等的建设与施工。

寡头垄断存在一定程度的竞争，其市场集中度接近 1。在寡头垄断的市场上只有少数几家企业进行竞争，为消费者提供商品。企业的商品基本上趋于一致或差别比较小。市场中的企业需要研究竞争者来制定应对战略，或者与竞争企业合谋。进入寡头垄断企业的壁垒比完全垄断要低，但是高于其他两种。寡头竞争的行业包括钢铁业、石油业、航空业等。

垄断竞争市场中企业的数量多于寡头垄断市场企业的数量，因此垄断竞争市场的竞争也大于寡头垄断。Marshall （1879）[162] 认为，企业产出的增加有益于企业取得规模效益，发展企业规模。但伴随着企业规模的扩展，企业容易发生市场垄断。垄断后，价格不仅会受到市场因素的影响，还会受到自然竞争的影响，加大了规模经济与市场竞争之间的两难状态。产品市场竞争垄断性高，产品差别大，市场集中度低。企业想要加大对价格的控制，主要依赖于企业战略政策的设定。新企业想要进入本行业，面临较低的入行壁垒。典型的行业主要有轻工产品、零售等（高鸿业，2007）[170]。

完全竞争理论是19世纪末至20世纪初形成的。完全竞争力量将市场均衡理论和价格理论作为竞争理论的核心。完全市场竞争理论的建立是基于以下假设：第一，市场中的需求和供应者众多，市场中消费者和供应者的改变都只是众多供需关系的一小部分的改变，不会对市场中的产品价格产生影响。不论是需求者还是供应者，在市场中扮演的都是价格接受者的角色，他们无法决定价格，供需弹性都是无穷大。第二，市场中企业生产的产品都是类似的，性能、科技、质量等没有太大的差异，因此购买方不会根据产品的差异而选择固定产品，而拒绝其他企业。不同企业之间的产品具有可替代性，购买者不会产生偏好差异。产品的提供者可以自由进出市场，不受政府和法规的限制和管辖，利润高的行业市场会受到销售者的追捧，进而更多的企业进入行业，导致利润的下降。利润低的行业会有企业由于利润额的下降而退出市场竞争舞台。当太多的企业退出市场竞争的时候，继续留在市场中的企业会得到上升的利润额。如此形成一个循环，在长期博弈后，市场中的企业只能获得正常的利润。企业有充分了解市场信息的自由，购买方和销售方都可以清楚地了解价格、交易等信息，无欺诈行为的存在。资源流动性强。上述假设都是完美假设，属于在现实中基本不存在的假设。实际上市场的供需双方不可能掌握各类信息，信息的不对称性是确实存在的。在企业的竞争过程中，这些信息才慢慢展现和被竞争者所了解。除此之外，销售者为了追求利润最大化必定会提高生产效率和改进生产方式，降低生产成本，以提高企业利润。当然，也有可能采用欺诈行为，降低商品质量，使市场中不同企业生产的商品产生差异性。这些有可能使某些企业在行业中成为“龙头老大”，拥有垄断地位，进而影响商品价格。完全市场竞争理论假设中的小企业会由于其规模太小而不具有规模经济，使成本上升，成本上升意味着商品价格的上升，买家利益受到伤害。综上，我们可以得知市场中企业的集中程度、同行业企业生产产品的差异的大小与新企业进入市场的难易程度都是影响市场结构的重要因素。

企业所面临的内部与外部环境的不同，对企业的市场行为有不同的引导作用。企业为了实现既定目标，需要制定不同的策略与执行不同的经营行为。首先，价格制定是企业行为的重要组成部分。企业需要制定竞争性价格，最大化地吸引消费者。其次，企业需要控制产品质量，推进产品创新与发展，提高产品服务水平来保证消费者满意度，提高自身产品与同行业企业产品的差异。当企业的产品或服务的不可替代性加强时，对企业产品需求的增加会提升企业的市场份额与企业绩效。企业进一步收购竞争对手，扩大企业规模，降低生产成本，提高企业利润。在执行了一系列的包括价格制定、技术创新、质量保证、服务提升等企业行为后，得到的经营结果与收益即市场绩效。企业市场结构与市场行为的共同作用得到了企业的最终绩效，市场绩效可以反映出企业市场运行的效率和资源配置的优劣。在产业组织理论中，企业的资源利用率、技术创新、生产效率、技术效率、利润率等都能说明企业的市场绩效（黄蕾，2011）[166]。市场结构、市场行为与企业效率之间的关系是相互的。市场结构的变化会影响企业行为，企业行为的不同会影响企业效率。长远来看，市场结构会由于企业行为与市场效率的改变而受到影响，所以市场组成、效率与企业之间是双向互动的。

综上可以得知，产品市场竞争作为外部治理机制，对于企业长期发展有重要影响，因而为本书的研究重点，本书在第4章、第5章、第6章将分别研究在不同的产品市场竞争条件下，管理层权力、高管薪酬与企业绩效的相互关系。

2.3.3 产品市场竞争的研究指标选择

学术界关于产品市场竞争与企业治理的关系研究起源于20世纪80年代，该研究以产业经济学作为理论基础，关注市场竞争的重要性。在进行实证研究前，确定产品市场竞争的指标是十分重要的。但是在学术界，学者们提出了诸多关于产品市场竞争程度强弱的指标，具体如下。

（1）国内外学者市场竞争的指标选取文献评述

学者们将市场竞争的指标分为三类，分别为市场集中度指标、盈利指标和租金指标。

①市场集中度指标

市场集中度为市场中竞争程度的强弱、企业数量的集中程度，是衡量市场竞争激烈程度的重要指标。衡量集中度的相关指标主要有市场集中度比率（CR_N）、赫芬达尔指数（Herfindahl Index）、产业内企业的数量等。Lyandres（2006）[171]使用产业内公司数目、赫芬达尔指数（Herfindahl Index）和竞争企业的敏感度作为衡量产品市场竞争度的替代变量。Boone等（2004）[172]使用市场占有率、行业集中度、赫芬达尔指数（Herfindahl Index）作为衡量指标。Kim（2009）[173]采用赫芬达尔指数（Herfindahl Index）作为衡量产品竞争程度的指标变量。国内许多学者对于产品市场竞争的研究倾向于选取市场集中度作为衡量指标。刘志彪等（2003）[184]在进行市场竞争与资本关系的研究时，使用了

Lyandres对市场竞争的研究方法。姜付秀、刘志彪（2005）[185]使用了企业数目、赫芬达尔指数（Herfindahl Index）与同行业竞争者敏感度三个指标研究行业特征、资本结构与产品市场竞争程度的关系。除此，我国的宋增基、李春红、卢溢洪（2009）[186]在《董事会治理、产品市场竞争与公司绩效：理论分析与实证研究》一文与胡小文、郑江淮、高彦彦（2009）[187]在《资产专用性、产品市场竞争与资本结构》一文中也将市场集中度指标作为衡量市场竞争强度的指标。

②盈利指标

盈利指标侧重于企业的利润与绩效，以此衡量行业中企业竞争的强度。行业中企业的投资回报、企业收益率、净资产收益率（Return on Equity）与息税前收益（Earnings Before Interest and Tax）等都是衡量企业利润的指标。

用企业盈利率来测量市场竞争程度的结果表明：以平均盈利指标为基准，当某行业中的盈利指标小于平均值，则将其归类为充分竞争行业；如果这个行业的利润率高于其他行业，且持续时间较长，进而导致新企业进入竞争市场的壁垒会很高，则此行业的竞争并非特别激烈，具有一定的垄断性，这是学者们用盈利指标作为市场竞争程度依据的原因。Januszewski（2002）[174]、格罗斯菲尔德和德雷赛尔（Grosfeld and Tressel，2001）[175]等用调整过的EBIT作为盈利指标来代表市场竞争程度。Niu和Ran（2005）[176]选择使用主营业务利润率来衡量制造业的产品市场竞争程度。牛建波、李胜楠（2008）[177]采用了主营业务收入占同行业总收入的比例来表示产品市场竞争的强度。贺炎林、詹原瑞（2006）[178]选取企业主营业务利润率来表示行业的竞争激烈度。他们认为当主营业务利润率较低时，企业所在行业的市场竞争度会相对激烈，会得到较高的标准差。如果主营业务利润率的均值较高，标准差会较低，意味着市场竞争程度较弱。钟田丽、范宇(2004)[179]用我国不同行业的上市公司的净资产收益率的均值与标准差作为衡量产品市场竞争程度的指标。谢嗣剩、黄开奇(2008)[180]在《债务融资与产品市场竞争的关系研究》一文中用总资产周转率作为衡量市场竞争度的代理指标。

③租金指标

当产品价格高于边际成本的价值越大，企业在市场中的垄断地位越高。Nickell（1996）[181]、格罗斯菲尔德和特雷塞尔(2001)[182]等使用租金指标来衡量产品竞争强度。Nickell(1996)[181]将租金定义为企业的实际营业毛利润减去使用者的资本成本R与资本的相应价格与名义资本的投入的乘积再除以销售收入总额。具体公式为：租金 =（实际营业毛利润 - 使用者的资本成本 × 资本的相应价格 × 名义资本的投入）/销售收入总额。李青原（2007）[183]在Nickell的基础上，加入中国会计准则得出新的计算公式，具体详见表2 - 3。

表2 - 3　　租金计算公式

租金	税前利润 + 当年折旧额 + 财务费用 - 加权平均资本成本 × 资本总额。
长期负债总股本	普通股股东权益 + 少数股东权益 + 递延税项贷方余额（借方余额为负）及各种准备金余额（坏账，股票暴跌和准备，短期和长期投资或叠加的减值和）+短期借款和长期借款。

（2）小结

综上所述，至今为止学者对于市场竞争程度的指标还没有形成一致的意见。很多研究者采用企业的盈利指标来衡量行业的竞争程度，比如使用行业利润率、主营业务利润率、净资产收益率或息税前利润（Earnings Before Interest and Tax）等，但他们作为业绩指标只体现出市场上企业的竞争力，却很难反映产品的市场结构。租金指标包含的因素较多，但是仍以盈利为基础，同盈利指标一样，也很难反映出市场结构问题。产业组织理论中的市场集中度是决定市场结构的主要因素。市场集中程度衡量的是行业中规模最大的企业们的产出占行业总产出的比例，其优点在于计算方法简便，缺点在于忽视了同行业内企业相对其竞争者之间的影响程度。当将行业中企业数量的多少作为产品市场竞争指标的时候，可以测量出行业的基本竞争状况，因为同行业中企业的数目越多，企业们所面临的来自竞争者的竞争压力越大，但缺点在于企业数量指标无法测量竞争强度的强弱。市场中企业竞争者的敏感度可以测量单个企业的行为，但是测量方法太过烦琐和复杂，所以相比较而言，赫芬达尔指数（Herfindahl Index）全面地反映了产品市场竞争的强弱和市场状态。

本书借鉴国内外学者姜付秀（2005）[185]、Kim（2009）[173]等的研究，采用赫芬达尔指数（Herfindahl Index）衡量产品市场竞争程度，用企业主营业务收入占行业内整体主营业务收入比重的平方和替代市场占有率计算。赫芬达尔指数（Herfindahl Index）越小，表明行业的集中度越低，则行业内企业之间的竞争越激烈。

2.4　产品市场竞争与公司治理

最近十几年，学术界开始关注行业竞争度与企业治理的相关性。国外学者对于二者关系的影响起步较早，研究结论与成果至今为止较为丰富。他们主要研究关注的市场竞争与公司治理之间的关系有可分为三类，非别为产品市场竞争对企业治理的原动力研究，对企业的传导机制的研究和对企业治理有效性的研究。

2.4.1 公司治理的产品市场竞争原动力理论

在合约理论与激励理论的基础上，学者们展开了市场竞争对于公司治理影响的原动力研究。企业信息不对称性导致了企业内部的激励问题。企业信息不对称性是指：管理层的行为并非有依据可测量的，可步步监察的；管理层对于企业生产成本与企业的其他信息的需求量较多。基于信息不对称的原因，在经营中追求个人利益，放弃以股东权益最大化的目标，低效率生产就会由此产生。因此，在信息不对称的情形下，利用激励将信息不对称的负面影响降到最低是公司治理的关键。产品市场竞争可以控制信息不对称的负面结果，在提高管理层激励的同时提高企业效率。现阶段对于市场竞争作为公司治理源动力的研究分为四类：信息假说，清算威胁假说，战略激励假说与信誉激励假说。

（1）信息假说

亚当·斯密（Adam Smith）[161]最早提出了信息假说的概念。亚当·斯密提出企业进行市场竞争，可以降低信息的不对称，在竞争中管理层可以感到更多的压力，从而形成对管理层的激励，这种激励可以降低企业中管理层的自利行为，消除不利于生产效率的行为，增加了企业资源的有效配置。在亚当·斯密信息假说的基础上，基思·哈特利（Keith Hartley）进行了实证研究。基思·哈特利证明，当企业的生产成本的高低受到管理层经营与其他外在因素的影响时，如果企业的外部成本的相关性十分强烈的话，企业间的竞争程度能够体现管理层的行为与企业外部成本构成。当企业股东能够得知管理层经营过程中的努力程度等相关信息时，管理层薪酬的确定将更加容易。通过对管理层薪酬的增加或减少，股东可以一定程度上控制管理层的努力程度。企业绩效是管理层部分薪酬高低的测量标尺，因此有效的相关信息在行业竞争中是十分重要的。Holmstrom（1982）[188]研究证明，首席执行官薪酬与同行业中企业的绩效成反比，负面影响的大小取决于行业的定义。产品市场竞争的增加提高了企业管理者相互间对比企业绩效的可能，即公司中高管薪酬激励体系的强弱受到产品市场竞争强度的影响。因为竞争的强弱可以作为高管相对业绩的基础，高度的市场竞争减少了信息不对称的影响，使高管薪酬与个人关系更为密切，进一步调动了高管的企业经营积极性。Hart（1983）[13]分析了在产品竞争市场中，竞争程度在减少管理层管理松懈行为方面所起到的作用。Hart 发现，如果企业的环境是互相关联的，市场竞争会减少企业高管的松懈行为。但如果企业的环境是相互独立的，市场竞争对于高管的努力行为就没有影响。Scharfsten（1988）[189]认为，高管的决策经营能力与对工作的懈怠程度是无法被测量的，只有企业的产出与绩效的具体数值是能够被收集并分析的。当众多企业共存于竞争市场中时，竞争市场环境影响企业，通过竞争企业的业绩对比，企业股东可以判断出管理层的个人能力与努力程度。基于以上研究，我们可以得知市场竞争为企业信息提供了来源，信息能够更好地激励管理层的经营行为，利用以企业间绩效对比为基准，让激励机制发挥最大的作用，促进公司治理的有效性。

（2）清算威胁假说

清算威胁假说认为，当产品市场竞争十分激烈时（市场竞争充分），企业管理者对于经营的懈怠往往会导致企业很容易被其他竞争企业清算或者兼并。在管理者所在的企业被竞争企业兼并或清算后，管理者也会失去工作，使个人的利益受到损害。这说明不同于竞争不激烈的市场，竞争激烈的市场竞争环境下，管理层工作的懈怠更容易导致其个人利益遭受损失。Grossman 和

Hart (1982)[96]指出，尽管薪酬激励机制和收购竞争可以减少激励问题的严重性，但是激励问题通常情况下不能被完全消除。Grossman 和 Hart 研究了企业破产风险对于企业中高管的激励效应，通过建立平衡化理念，证明当代理关系存在道德风险时，平衡化理念便可与之相关。二人指出，激励管理层追求自身利益动机的另一个重要影响因素是企业破产可能性。如果管理层不想追寻高利润，企业破产的可能性会增加。企业一旦破产，管理层从企业获取的利润会丧失，因此管理层愿意尽力将企业利润最大化，尽力避免破产风险。施密特（Schmidt，1997）[17]建立了没有隐藏信息的模型，发现市场竞争的增加会威胁到企业的存在并提升企业破产的可能性。Schmidt 提出的模型认为，企业高管对于企业经营风险持有中立态度，具有收入约束。当企业面临破产、失去持续发展与盈利能力时，高管需要尽可能降低预算成本。股东在高管的相关努力后，根据企业的实际成本额，对企业进行结算与合并。在竞争激烈的市场下，公司产出得到的收入会被降低。在其他条件一样的情况下，股东更多地选择清算公司。

（3）战略激励假说

企业有效治理的基础是明确企业的目标，企业目标的确认可以为企业制定发展策略提供依据。股东利益最大化一直是业界既定的企业目标。在将代理成本降至最低的企业中，董事会是否能发挥最大效用，监督企业高管，控制代理成本，减少高管寻租行为是此类企业治理有效性的重要保证。众多学者认为，市场中的企业必须互相竞争，一争长短后战胜竞争企业，失败的企业会退出竞争市场，承担失败的结局，丧失企业利润与未来机会。所以，企业或者选择奋力竞争，或者接受清算失败。企业想要在市场竞争中战胜竞争企业，需要将竞争对手作为自身绩效的标尺，当自身企业的业绩低于市场同行业企业的平均水平时，企业就需要调整战略，提高生产效率，寻找竞争优势，使得企业绩效至少达到行业绩效平均值。企业的最终目标并不是达到平均值，市场份额的提高，需要企业进一步开发额外的增长资源。企业要达到有效的企业治理，管理层需要预测未来市场的发展方向进而对企业的结构进行调整，在优化企业资源的基础上寻找新的资源与机会，管理层抓住机会、调整战略、增加企业绩效的能力是至关重要的。

研究者们还认为，高管们对于行业内竞争的态度可以从其战略倾向中完全展现，管理层经营行为对企业产生的企业绩效是衡量管理层战略倾向的基础。高管绩效衡量标准的决定因素是多方面的，既包括市场内部来自竞争企业的压力，还包括来自其他利益相关者的压力，如是否达成预期股东利益的目标，是否达到政治目标和社会目标等。在激烈的市场竞争下，管理层需要保证企业的竞争优势，以保证企业绩效和效益。如果市场的竞争并不十分激烈，管理层可以充分利用自己的自主权，如果管理层并没有得到有效激励，可能就会在工作中出现懈怠。

(4) 信誉激励假说

信誉激励假说认为，管理层不会为了自身的眼前利益而放弃与企业股东长期合作的关系。当管理层对自己职责内的工作有懈怠行为的时候，管理层与企业的合作将会终止，而不是仅根据合同的条款或者法律的规定受到惩罚。在企业市场竞争过程中，管理层价值的大小受到其能力与对企业创造价值大小的影响，除此之外，管理层的声誉对其价值的影响也是至关重要的。关于高管能力与行为的综合信息可以体现在市场中，在声誉得到保证的情况下，他才能被企业聘用，因此高管需要进一步提升自身声誉，从而得到更多的薪酬。

Holmstrom (1982)[188]认为，与垄断性竞争环境相比，激烈的竞争环境下的企业管理者的个体信誉能更有效地影响高管行为，这是由于企业管理层需要不遗余力地工作，为股东争取最大利益，通过努力工作管理者才能建立良好的个人声誉，这样企业股东才能对管理层进行正面的声誉评价。Baker 等（2002）[190]认为，当行为方认为遵守承诺而行使行为获得的利益高于短期欺诈行为而获得的利益时，行为方才会积极地保证自己的声誉。Masanell 和 Spulber（2002）[191]提出声誉对于企业的重要性，声誉的提高将大幅度地降低企业成本，对企业的发展有积极作用。如果在经营过程中，消费者尤其是对企业及其重要的消费者对声誉非常重视，那么，在签订销售合同的时候，销货方与购买企业可能就不需要关注太多细节，也不需要收集对方的信息，企业成本就可以大幅度降低。除此之外，好的声誉还有助于降低企业风险的发生概率。当企业信誉难以保证对方企业的利益时，对方企业会选择让本企业承担风险。但如果企业高管的声誉较好，委托人就可以避免用这种方法来维护自身利益，因此可以将利益风险降到最低。综上，我们可以得知，高信誉所带来的双方的互信可以促进企业成本的降低，使委托人与代理人的利益都得以增加。

从上述四个假说中可以发现，市场竞争的信息与约束作用让市场竞争变成企业经营的“推动器”。产品市场竞争在相关信息的基础上，利用高管声誉、企业绩效评价进一步发挥推动作用。行业中竞争的加强能够降低管理者信息不对称，企业股东更容易判断管理者努力与否。管理者拥有获得企业剩余价值的权力，市场竞争给管理层带来的薪酬与声誉的双重约束，会有助于降低管理层懈怠工作的可能性。

2.4.2　公司治理的市场竞争传导机制

（1）资本结构推动作用

学者们关注于资本结构，认为其是企业治理的重要影响因素。自20世纪80年代以来，学者们展开了市场竞争程是如何改变企业的资本结构与企业治理效应关系的研究。企业融资方式与市场竞争程度的关系也是学术界所关注的重点。

Telser（1986）[192]最早提出了关于企业资本结构与产品市场竞争的理论，称为深袋理论（Long Purse Story）。深袋理论提出，由于资本市场的不完善性，新进入市场的企业需要大量的资本支持来占有一席之地，可以说新企业的资本结构较为薄弱。而已经长期存在于市场中的企业，占有丰富的资金支持，可以使用低价格对新企业进行打压，以压低行业中新企业的效益，促使其退出行业市场。

Brander 和 Lewis（1986）[193]认为，产品市场决策和融资决策通常是相关的，二人分析了这种关系在特定行业的融资结构中融资决策和产品市场决策所遵循的顺序。在这种情况下，有限责任的债务融资意味着，金融结构的变化改变了债务和股权持有人之间收益变动的分配，因此改变了权益持有人的输出策略。因为金融结构影响市场输出的均衡，前瞻性的企业所有者被激励使用精确的财务结构来影响他们青睐的输出市场。鉴于竞争对手的行为，忽视战略效果财务决策的公司的总价值比利用这些影响的公司的总价值要低。这些金融结构的战略用途是纯粹掠夺性的，这两类公司使用它们的净效应是：都会得到更坏的结果。在 Brander 和 Lewis 的模型中，对称的公司使用金融结构作为一个影响市场输出均衡的变量。然而，这种对称不是基本的。在不对称的市场中，现任公司使用的金融结构可能被竞争对手作为进入的方式，正如资本或研发可用于阻止竞争企业进入市场。二人的研究还发现，在竞争不激烈的市场环境下的企业债务水平与企业在市场中的竞争力成正比，企业的债务水平提高的提高在促进企业生产水平提高的同时降低了竞争对手的产量水平。企业债务的增加使企业与竞争对手相比获得了进攻性的优势，这种优势使企业在激烈的市场竞争环境中具有策略优势。

（2）激励管理者理论

Fershtman（1987）[194]通过研究企业利润与销售收入之间的线性关系，得出结论：企业的高管目标为企业销售收入最大化，该企业将成为有攻击性的企业，企业在市场中将具有领导者竞争优势。Hermalin（1992）[161]认为，高管对于自己的薪酬在很大程度上可以进行影响和控制，随着市场竞争的加剧，一定程度上可以控制代理问题，减少管理层的个人利益，这也意味着市场竞争的加剧会减少企业对管理层的激励。Panunzi（1994）[195]研究证明，产品市场竞争对激励管理层的经营行为有负面影响。

（3）企业创新论

Nickell（1996）[181]研究表明，在竞争激烈的市场上，生产成本的减少有助于企业生产效率的提升，从而企业会有巨大的效益和利润的提高，这会激励企业增加企业创新和研发活动。Vicker（1985）[196]认为，竞争激烈的市场环境会迫使企业进行技术创新和产品创新，企业的生产效率也可以得到提高，新的技术和产品会给企业带来额外的新的效益。所以说，市场竞争对企业创新有促进作用。

2.4.3 市场竞争与企业治理有效性

（1）市场竞争与企业效率

市场竞争与企业效率关系的研究较受学者关注。熊彼特认为，企业进行创新研究的激励会伴随着市场竞争程度的加剧而减少，这是因为可以分享的租金变少了。在所有权与经营权分离的公司中，由于管理者的懈怠，所有者与管理者之间发生利益冲突，所有者不能完全监控管理者的努力。Hart（1983）[148]将企业分为两种：一种是创业型企业，这种企业的管理者与所有者为同一人，所以这种企业不存在委托—代理问题。另一种是管理型企业，这种企业的经营权与经营权是分离的，所以委托—代理问题就会产生。企业的所有者并不确定企业成本，所以他们并不能够知道管理者的管理失误或高成本导致的企业绩效的损失的高低。他表示，如果跨企业之间总成本和边际成本是正相关的（特别是跨创业型企业与管理型企业），且有足够多的创业型企业对竞争市场产生影响，那么管理型企业将更不可能出现管理者工作懈怠。竞争可以促使不同企业之间的绩效建立价格相关的互相依存性，帮助企业减少管理者懈怠行为。

Willig（1987）[15]考虑到了垄断性的影响作用，在他的模型中，产品市场竞争产生的利润与管理层工作努力之间的敏感性更强。企业所有者将高管薪酬与企业利润相关联会减少“X－低效率”。用企业需求价格敏感性的增加来衡量市场竞争，价格更接近边际成本（即更低的垄断租金）。价格弹性的增加将引导管理者在利润率上尽更大努力。Nickell（1996）[181]和 Nickell 等（1997）[197]研究了产品市场竞争对生产力水平与企业增长速度的影响。他们从企业结构、行为、绩效等方面进行研究。他们认为市场结构是外源性的。他们发现产品市场竞争（一系列的测量方式包括管理人员问卷调查、市场份额与租金的事后测量）对企业总的生产力有积极的影响。Hay 和 Liu（1997）[198]对英国行业信息进行研究，发现在一定程度上的竞争（定义为企业行为而不是市场中的企业数量），相对成本较低的企业会享受到更高的市场占有率和较高的价格边际成本差额。如企业的成本是内生决定的，那么管理者会试着降低企业成本，并促进企业生产效率与市场竞争程度的正相关关系。

(2) 市场竞争与薪酬激励机制

关于市场竞争与高管薪酬之间的联系的理论研究表明，企业间的竞争会影响到激励的方式，即通过影响企业间的竞争边际产品或边际价值成本削减举措，改变管理工作的负面影响，并提供在垄断性行业中缺失的额外信息。

一些学者认为，市场竞争会对激励有负面作用，因为在竞争激烈的行业中，稀缺的盈利机会会降低管理层努力后所得到的边际收益（Hermalin，1992；Schmidt，1997）[16][17]。例如，根据施密特理论，如果管理者被支付的租金超过他的保留效用（即如果管理者的参与限制不具有约束力），在产品市场竞争程度激烈时，成本的价值也随之下降。这是由于，随着行业竞争的增加、企业的利润减少，用额外的努力来降低成本是不合乎情理的。委托人可能不愿意付高租金给管理者来引导他们付出更多的努力，因此管理者得到的薪酬激励会减少。

从代理理论角度来说，企业经营环境的策略很大程度上会被忽视。许多文献认为，提高市场竞争对高管有激励作用，因为它提供了在垄断行业没有的绩效评价信息（Holmstrom，1982；Hart，1983，Nalebuff and Stiglitz 1983）[188][13][14]。如果在一个行业中竞争对手的数量增加，且这种冲击会影响到行业中每一个企业的成本，那么市场竞争的增加会产生企业可以使用的、有助于企业减轻道德风险的额外信息。然而，有些学者认为，市场竞争对高管的激励作用是并不明确的，它取决于管理者的偏好和模型的其他特征（Scharfstein，1988；Schmidt，1997）[18][17]。Hart (1983)[13]通过一个隐藏的信息模型，声称竞争作为一种约束机制，是一种拥有自身权力的激励机制，能有效地减少管理层推卸自身责任的行为。Scharfstein（1988）[18]表明，当管理者收入的边际效应是积极的，Hart 的结论是可以逆转的。因此，竞争可能会增加管理层推卸责任的行为。在一个隐藏行动模型中，Hermalin（1992）[16]确认市场竞争对于管理激励的信息影响力是不能够被确定的。施密特（Schmidt，1997）[17]声称，产品市场竞争的增加降低了企业的利润，也增加了企业面临管理松懈、成本过高时，将不得不进行清算的可能性。施密特预测，当这种清算风险高的时候，管理者在企业中的努力会明显增高。但是管理者努力程度的增加，根据他的推断，可能是由于企业向管理者设定了更高或者更低的激励机制。如果管理者的参与限制是有约束力的，企业可能会觉着在面临清算风险时企业需要激励管理者，通过补偿管理者预期的期望效用的损失，促使管理者能更好地为企业工作。这时，企业所有者会提供给管理者更高的薪酬与激励机制。施密特还提出，当参与限制是没有约束力时，管理者可能会为了保住自己的工作进而努力工作，企业激励高管的成本就会降低。所以说，当企业面临清算风险时，管理层会得到更低的薪酬与激励。

在西方的各类文献中也有很多文章显示，不同表现的市场竞争可以影响企业激励机制。De Fond 和 Park（1999）[199]、Fee 和 Hadlock（2000）[200]发现，产品市场竞争的加剧会增加管理人员创造的营业额。Kedia（1998）[201]对在一个行业中企业间的战略互动（分为战略互补或战略替代）对于企业管理层激励机制的影响进行了研究。她认为，当企业的边际利润随着竞争对手的行动而降低时成为策略替代；当企业的边际利润随着竞争者的行动而上升的时候成为策略补充。Kedia 发现，通过在产品市场中诱导竞争者作出有力的反应，企业可以在竞争市场中获得战略优势。当战略补充增加了高管薪酬与企业绩效敏感性时，战略替代可以使之降低。

其他文献结论也揭露了市场竞争与高管薪酬契约之间的正相

关关系。Hubbard 和 Palia（1995）[202]、Kole 和 Lehn（1999）[203]对此作出了研究。他们的研究没有正面测试产品市场竞争对于高管的激励度，从相反的角度，他们探究市场放松管制条件下高管激励体系的表现。深入研究后，发现市场竞争强度高的行业有更多的人才管理者，且高竞争行业管理者的工作任务是更具有复杂性的。因此，他们预测，当行业管制放松时，企业管理者会得到更高的薪酬与更多的激励。Hubbard 和 Palia 发现薪酬绩效敏感性与管制放松之间是有积极联系的，并且管制的放松与高管薪酬水平之间也成正相关。Kole 和 Lehn 发现，航空业中管制的放松导致了更高的管理层薪酬。

Raith（2003）[204]提出了一个寡头垄断的代理模型。雷斯（Raith）的模型中，核心假设是市场结构的内生性是由自由进出行业的特性而决定的，这意味着竞争性质的变化会导致市场结构的平衡变化。均衡市场结构、企业产品市场竞争程度和最优的管理层奖励机制取决于市场的基本面因素，例如消费者可用的可替代性商品、市场规模、企业进入市场的成本等。雷斯（Raith）表示，产品市场竞争强度的变化越大（由于产品的可替代性、更大的市场规模或较高的进入成本），管理层会面临更高的企业生产成本，企业会毫无疑问地提高管理者的激励薪酬来降低他们的边际成本，使成本的降低更有价值。当产品在行业中的可替代性增加时，长期来说，不能够长期保证低成本的弱势企业将被强势的企业驱逐出竞争市场，或者被吞并掉。此外，该行业潜在的进入者在激烈竞争的阻碍下可能无法进入市场，保留在行业中的少数企业会使聚集程度增加。基于市场的规模，这些企业只有增加产量才能满足需求。因此，企业为管理者提供了更强的激励措施，以减少边际成本。当市场规模扩大时，高利润的前景吸引了更多的企业进入该行业。然而，随着时间的推移，市场规模的扩大比例小于新企业进入行业的比率，因此，当这个行业的盈利机会降低时，越来越少的企业选择进入此行业。留在行业中的企业面临更多的生产需求，行业中的管理者受到更多的激励来减少边际成本。当进入行业的成本增加时，更少的企业选择进入行业。长期来说，留在行业中少数企业的管理者面临更强的激励措施来引导他们降低边际成本，因为他们面临更高的生产需求。

综上所述，产品市场对于公司治理有效性的激励作用并没有得到一致的结论，特别是在没有详细地分析产品市场竞争的决定因素的情况下，了解跨行业中市场竞争对企业管理层的激励机制的差异是十分困难的。

（3）市场竞争与所有制结构

①国外文献评述。西方的学者们关于行业竞争与企业管理的关联性研究与激励机制表明，企业之间的竞争有几种方式会影响到激励。一方面，市场竞争会为企业所有者带来额外的市场信息来缓解代理问题，改变管理者努力的负效用，从而，市场竞争可以作为一种惩戒机制（Holmstrom，1982；Nalebuff and Stiglitz，1983）[12][14]。另一方面，一些研究表明，竞争对于激励的影响取决于管理者偏好的研究的具体特征或其模型的其他特征（Hart，1983；Scharfstein，1988）[13][18]。总之，以前的研究判断市场竞争与管理层薪酬之间具有不明确的关系。然而，以往的研究并没有考虑到所有制结构问题，该问题在近几十年来已被确定为一个重要的公司治理机制（La Porta et al.，1999）[205]。这使我们无法理解行业与企业层面的治理机制的关联。

根据股权集中的壕沟效应（Jensen and Meckling，1976）[91]，控股股东对公司的控制是根深蒂固的，因此，他们倾向于牺牲少数股东的利益，来作出对他们有利的决策。控股股东行使权力时少数股东的利益为自己谋利（Shleifer and Vishny，1997）[206]。La

Porta 等（1999）[205]研究世界的所有制结构，得出结论，股权结构的集中度与对弱势投资者的保护度相关联。关于股权结构与薪酬绩效敏感性的关系已经研究了几十年，研究中的哑变量用于控制市场固定效应，这限制了我们对行业竞争与所有制结构之间关系的理解。实证结果表明，美国和英国学者的研究侧重于不同的一面，De Angelo（2000）[207]，Anderson 和 Reeb（2004）[208]发现，家族上市企业的家族成员往往通过控制过度薪酬机制、特别股息及关联交易提取私有收益。Kole（1997）[209]提出，对非家族企业而言，激励机制在家族企业中不太有效。另一方面，有的人认为家族所有权结构降低了代理成本，激励了管理层的努力和自律行为。因为创始家族的首席执行官有最大的诱因来长期增长家族企业效益，因为家庭的声誉代表了企业的成功（Santerre and Neun，1986）[210]。一些研究表明：管理防御问题是不常见的家族企业问题，因为非家族企业的管理者拥有的信息，促使他们追求自身的利益而放弃股东利益（Anderson and Reeb，2004）[211]。Gersick 等（1997）[212]发现家族企业的所有者由于兼任管理者尝试从长远角度来积累企业财富，使家族企业可以代代相传。

比较而言，东亚学者研究得到了一致的结果。之前的研究证明，在家族企业获得超额薪酬是防止股东侵占小股东利益的方法之一（Firth et al.，2007）[213]。这些研究表明，家族所有权结构导致业绩敏感度弱。Faccio 等（2001）[214]发现有股权集中度高的家族企业，会侵占小股东的利益。Cheng 和 Firth（2005）[215]也得出结论：在一个家族所有制占主导地位的市场中，机构投资者有助于约束高管薪酬。Claessens 等（1999）[216]发现，所有权在东亚市场是高度集中的。在东亚的研究中，东亚的上市公司主要是由家庭控制，学者们发现在东亚，一半以上的企业都是家庭拥有控制权，创始家族股东通过超额薪酬机制来剥削小股东的财富。Sun 和 Tong (2003)[217]得出结论，尽管在过去的几十年里越来越多的中国国有企业已转变为私有化企业，但是中国的大多数上市公司都是受政府控制的。

②国内文献评述。除了家族所有制结构，在中国，国有控股企业是东亚市场所有制结构的另一种常见形式。林毅夫等(1997)[218]提出，国有企业的不公平竞争导致了我国国有企业生产效率较低，国有企业改革正是为了我国企业拥有更公平、健康的市场竞争环境。刘芍佳和李骥 (1998)[219]研究认为，产权只能改变企业的激励机制，并不能保证企业绩效的提高，企业产权的转换无法起到企业治理机制的作用，只有在有效的市场竞争条件下，经营者面临优胜劣汰的压力时，才会提高企业治理水平，改善企业治理机制。

③小结。综上可见，不同的企业所有制结构受到产品市场竞争的影响有所不同。产品市场竞争有助于提高企业治理水平，提高企业治理机制，但在不同的所有制结构下，产品市场竞争是如何影响不同性质企业的，是否都能够有效地替代外部治理机制，提高企业绩效，都是本书需要研究与探索的内容。

2.5　本章小结

本章从高管薪酬理论，管理层权力、高管薪酬与企业绩效关系研究，市场竞争理论基础与经济后果四个方面进行了总结与评述。首先，本书对于高管薪酬理论中最重要的最优薪酬契约理论和管理层权力理论进行了详细的介绍；其次，对管理层权力、高管薪酬与企业绩效关系文献进行回顾与分析，阐述了管理层权力影响企业绩效的理论基础，以及高管薪酬与企业绩效和管理层权力的相互关系；最后，分析了产品市场竞争的理论和企业治理效应的相关文献，提出了产品市场竞争能够作为企业治理机制，影响企业内部机制与企业绩效。本章通过对国内外相关理论的回顾、比较与梳理，为本书实证研究提供了依据。

第3章 制度变迁及影响机理分析

3.1 分权改革与国企改革

3.1.1 分权改革

我国企业从 1978 年至今，经历了 40 年的改革，目前，以市场化为导向的经济改革还在继续。我国市场机制的变迁对我国经济水平的发展与变化有重要影响。研究者认为，中国经济的持续推进、企业的进步、资源配置的合理应用与我国的市场化改革密不可分。市场化改革为我国企业近几十年飞速进步提供了环境支持与保障（Jefferson, Rawski & Zheng, 1992）[220]。自 1978 年改革开放以来，我国的年增长率保持在 9% 以上，我国的国民生产总值与人民生活水平都有了大幅度提高，经济改革给我国带来了显著的成效。

改革开放以前我国就开始了分权改革，但是分权改革的经济效益真正在我国开始展现是从改革开放以后。1984 年，我国开始了政府分权改革，企业的自主权进一步扩大。市场竞争的发展促进了地方政府之间的竞争。改革前，中央政府拥有对主要资源的实际控制权，地方政府与之进行资源的抢夺与竞争。随着改革的发展，地方政府与中央政府相互独立，分税制开始后，地方政府获得独立的税收权利与义务（周亚安、赵晓男，2002）[221]。分权改革有益于我国地方经济的进步，是一种促进我国经济效率的经济改革（Qian & Weingast，1997）[222]。我国分权改革下地方行政的发展，是我国私有制企业发展的源泉。分权改革引导着我国私有企业在地方市场内进行竞争，地方的竞争又进一步促进了私有化企业的发展（张维迎、栗树和，1998）[223]。王国生（1999）[224]提出了我国地方政府在分权改革中逐步掌握自主权与独立控制权，促进地方自由市场、自由经济的发展，地方政府成为推动地区经济发展的先锋并占有主导地位。Maskin 等（2000）[225]提出，分权改革便于中央政府根据既定目标督促地方政府实施市场竞争与目标达成，促进了中央政府对地方政府的监督与激励机制的发展。白重恩（2004）[226]指出，自改革开放以来，我国采取的分税制度扩大了地方政府的利益，激励了地方政府对于税务的重视与保护，对地方经济与税务机制的发展有积极作用。综上，我们可以得知中国经济的快速发展与市场化的推进与我国分权改革制度的推进密不可分（Qian & Weingast，1997）[222]。

3.1.2 国有企业改革与演变

我国企业的演变，经历了计划经济体制下的独资企业、扩大企业自主接管、国有企业实行经营承包责任制阶段和国有企业股份制改革和建立现代企业制度阶段。

第一阶段为计划经济体制下的国有独资企业。

1979 年以前，计划经济是我国的主导经济体制。我国的企业所有制主要分两种，一种是全民所有制，一种是集体所有制。全民所有制企业为国家拥有，由国家经营。国家财政统一投资，收入由国家统一收取，企业利润全部由国家保留，企业亏损也由国家承担。企业生产过程中的材料购入、技术创新、生产策略都由国家制定，企业在国家的控制下运营，政府不同的机构对企业负责与管理，即在计划经济体制下，国有企业不具有经营权与自主权，是国家机构的附属企业。平均主义是此类经济体制下国有企业的主要特征，员工平均获得薪酬，与创造的价值或企业亏损无关。在这种形式下，企业无须承担亏损产生的责任，也没有股东、代理问题等。

第二阶段为国有企业经营权改革。

在高度集中的计划经济制度下，由于中国国有企业生产经营方案遵循国家制定的计划进行，企业缺乏自主权、竞争性，导致企业管理层与员工的工作积极性不高，缺少激励机制，发展停滞不前，是阻碍我国经济发展和生产力提高的重要因素。于是，1978 年我国召开了党的十一届三中全会，对计划经济下我国国有企业政企不分、生产力低下、企业无经营权等问题展开了研究，开启了以市场为导向的经济体制改革，中央政府要求扩大国有企业自主权，推动企业改革，改革计划经济体制，国家提出了“放权让利”的改革政策。1979 年中央工作会议提出扩大企业自主权的决定：“企业获得一定的计划权、销售权，扩大生产权、人事权与分享经济利益权。”同年，国务院提出《关于扩大国营工业企业经营管理自主权的若干规定》，并以四川省为试点，推行扩大企业自主权的政策。企业获得了经营权意味着企业管理者权力的扩大，推动了国有企业管理者的工作积极性。但是，由于在计划经济转型的初期，我国没有竞争市场，企业管理者信息不对称问题尤其突出，且国有企业为国家政策的承载者，国有企业管理层存在道德风险。企业管理者拥有自主经营权时，就有了谋取私利的可能，并可以把矛盾问题推向其国家政策实施者的角色上。于是，给予管理者权力与私人利益并不是国家改革的目标。“工资侵蚀利润”的出现正是国家与企业之间的信息不对称引起的（杨瑞龙，1998）[227]。为了达到最终的改革目的，必须将企业利润与政府收入分隔开，彻底将企业与国家分开，我国在1983年及之后一年实行了“利改税”改革。1984年，党的十三届三中全会提出以国有企业体制改革为中心，使企业的经营权与管理权相分离，明确了国家与企业的分配关系，将国家收入与国家税收相联系，企业收入与企业的利润相联系。这样的相互关系一方面保证了国家的财政收入，另一方面企业也拥有更多的自主权，激励了企业的管理者。

第三阶段为国有企业所有权改革。

为了保证国家利益，中央政府从1986年开始了国有企业所有权改革。这次改革伴有两种改革形式。一种改革形式源于农村家庭联产承包责任制，国有企业改革在原有资金资源的基础上，发展企业经营权的演变，发展企业承包制改革方式。承包制的优势在于对承包者的激励作用，承包者拥有的经营权的扩大促使其企业承包者积极运营企业，对企业的发展有推动作用。但是承包制的问题在于承包者的道德问题，承包制是企业管理者与国家机构“一对一”的谈判。由于国有企业拥有信息的绝对优势，在谈判过程中，实行承包制的国有企业会力争对自己有利的条件。除此之外，承包制意味着承包者得到的利益多少取决于企业绩效的高低，所以往往实行承包制的国有企业只关心承包期内的企业短期利润，导致许多企业管理者掠夺性地利用资源，再者是管理者在兑现承包合同时“负盈不负亏”。第二种改革方式为企业所有权的改革，称为股份制。1986 年，股份制的试点在北京、上海等城市展开。到 1987 年，我国的股份制企业达到 6000 多家。股份制开始时展现的问题，在于我国缺少能够与国有企业合作的私有企业。私有企业多元化缺失，导致股份制试点在企业内部的员工中进行，但是企业内部职员的资源有限，缺少能够将股份制如国家预期的来展开的能力，再加上改革不规范，大部分试点企业中的股份变成了内部借贷。

第四阶段为现代企业制度的发展。

从 1992 年至今，对于承包制的问题，党的十四届三中全会发布的《中共中央关于建立社会主义市场经济体制若干问题的决定》，将国有企业改革的目标设定为建立“现代企业制度”。现代企业制度的本质是将国家设定为国有企业的股东，将国有企业与国家机构彻底分开，不再承担国家附属机构的责任。这是国有企业产权结构的重组，对于企业治理机制有促进作用，有利于企业生产率与管理效率的提高。1994 年，开始实施的《中华人民共和国公司法》是现代企业的规范性法规。1996 年《中华人民共和国国民经济和社会发展“九五”计划和 2010 年远景目标纲要》对国有企业的改革提出了“抓大放小”的新思路：“搞好整个国有经济，对于不同的企业要区别对待，加快小型国有企业发展。”

第五阶段为国企改革的深入。

鉴于之前“一刀切”的管理方式导致绩效低下、逐年亏损等现象的发生，2015 年，我国提出了《关于深化国有企业改革的指导意见》，将国有企业继续进行深入改革。2015 年国企改革的重点在于将国企分类，具体分为公益类国企与商业类国企。商业类国企包括在激烈市场竞争下的商业类国企和关系国家安全与国家经济命脉的行业企业。除此，对混合所有制，国有企业的绩效考核与薪酬改革也作了规范的研究。

3.2 市场化发展与现状

3.2.1 市场化发展

在分权制度的发展下，伴随着中国经济的迅猛发展，全国各地市场化不断发展，与此同时，经济的发展也产生了地区间的发展差异问题。我国某些地方的市场化推进程度已经相当高，但是某些地区的计划经济体制依然是经济发展和运行的主要方式。市场化发展成熟的地区主要是我国沿海城市。相反的，我国的内陆城市，非市场因素在经济运行中依然占有重要地位。市场化推进程度的差异不仅导致不同地区间经济发展不均衡，沿海城市经济发展较快，内陆城市经济发展缓慢，而且不同地区的企业所面临的经营环境与体制也有所不同。具体表现为以下五个方面。一是政府与市场：政府是否控制市场的资源调配，是否干预控制企业的经营行为与决策，是否造成社会资源的浪费与压力。二是市场的发展：政府对商品价格的影响，市场受到地方政府的保护度。三是要素市场：金融、资本、劳工市场的发展情况。四是市场的中介机构的发展。五是市场法律法规制度的完善。这五方面的发展都可以体现出市场化的成熟度与企业发展的自由度。

地区市场化发展程度的不同，不只是地方政府对市场进行干预而造成的。我国分权制度在各地虽然推动了市场竞争的发展，但是各地政府需要根据各地区的经济发展水平与经济特点进行经济干预与运作。具体的特点包括当地资源特征、地理特征、教育发展、劳动力等方面的特征。各地区的国有企业改革过程中，地方政府需要放开控制权，让当地国企拥有独立的控制权，经营权，使之在市场中自由发展。但是，国有企业自身权力的大小受到市场环境的影响。林毅夫（1997）[218]提出，由于中华人民共和国成立后制定的重工业发展战略与国防安全考虑，在我国中西部地区及东北地区建立了大量军工企业与民生有关的大中型国有企业。但是，这些企业在市场化改革中却成为制约当地经济飞速发展的问题。此类企业的产业结构，与改革后相关失业劳动力的安置是地方政府需要考虑的问题，在地方政府推动地方经济发展与市场化进程中是重要的决策影响因素。在2003年，林毅夫与刘培林进一步探讨了不同地域的经济发展水平之差，并提出其成因就是重工业发展战略没有考虑到各地区的地域与特征问题而导致的生产结构不合理[228]，进而导致许多企业出现存量资产问题，随着时间的推移，存量资产问题更日益严重。何梦笔（2001）[229]提出，国内各地经济发展处于不同阶段，相同的经济转型策略对于各地区将有不同的影响，在对各地政府、经济具有差异的情况下，各地区的政府与企业需要因地制宜地采用不同的制度与发展策略进行市场企业转型。不同地区的市场结构、企业比例、资源特点不同，在企业改革转型期，对于政府的激励政策，各企业可能会有不同的表现（高鹤，2004）[230]。

不可忽视的是，中央政府的宏观政策对于不同地区市场化发展产生的影响与推动作用。我国自改革开放以来，由于中央政府给予的沿海城市的优惠与支持政策，沿海地区各城镇与内陆地区的收入差距逐渐变大（Jian，1996）[231]。我国的经济发展策略实行经济试点制，在地方政府或区域先进行尝试的方式（Gelb et al.，1993）[232]。从1958年开始，区域性组织的地区原则使我国采取改革的重要策略。改革的实施从中央政府选的一个省份或几个城市开始，再逐渐扩展到全国。沿海开放城市与经济特区就是经济试点的地区，所以这些地方的经济发展水平、经济特点会明显有异于其他地区。Jones，Li 和 Owen（2003）[233] 指出，我国不同地区经济增长率差距随着时间的推移在逐步加大，政府对于高增长率地区的优惠政策与支持是该地区经济增长的重要原因，因为外资企业与外商在经济特区与沿海城市的投资拉动了当地的经济发展与市场化水平。经济特区的年增长率增加了 5%，沿海城市的年增长率增加了 3%。

3.2.2 中国产品市场竞争现状分析

随着我国由计划经济向市场经济的转变，市场化进程正在不断发展，但是与西方成熟的市场经济相比，中国的产品市场竞争存在不均衡现象，行业间存在垄断现象及过度竞争现象。

（1）垄断现象严重

我国政府机构借用手中对经济企业的管理权，控制资源，限制市场中企业自由竞争，干扰市场经济中各企业的自由发展，称为行政性垄断。行政性垄断是我国经济体制转型期的产物，严重扰乱了中国市场经济的发展。行政性垄断主要分为行业性垄断和地方性垄断两种。

行业性垄断是指政府部门等国家机关滥用其行政权力，阻碍、限制行业中的部门市场中的自由竞争行为。行业性垄断产生的原因主要是在经济体制转型中，原先国家控制的“国家垄断”转变为各行业中不同部门各自管理的“部门垄断”后，政府却没有能够给予足够的重视与监管，导致政企分离不彻底，部门管理者利用其职权谋取私利，形成垄断之势。地方性垄断的产生是由于地方政府为了当地的利益，与其所管制区的企业形成合作关系，为了所属辖区的利益，滥用职权，排斥、阻碍各企业间的自由市场竞争行为。地方政府形成地方企业的保护伞，制定政策限制其他竞争企业参与、进入本地市场，并给予本地区的企业以生产经营要素支持。被保护的企业为地方政府提供税收等，作为当地财政收入。这种垄断性带有区域性特点，外来企业很难跨过此区域性壁垒而进入当地市场开展经济业务，这就破坏了产品市场竞争的统一性并违反了自由竞争原则。

除了行政性垄断造成的产品市场竞争不足以外，中国的交通运输、通信业、医疗卫生、能源行业等基础设施与公共服务领域仍然存在严重的自然垄断现象。自 20 世纪 90 年代开始，在电信业改革的带动下，各自然垄断行业如石油化工、运输业、电力业等都展开了改革（赵纯祥，2013）[139]，形成了各行业中多家企业进行竞争的格局，但是由于经济规模、资源等问题，行业中依然存在企业经营效率低下、产品技术更新慢、市场竞争不足等现象。

（2）市场竞争过度化

除了上文中提到的少数垄断行业外，在经济体制转型期，民营资本注入我国大多数行业，展开了民营企业、国有企业间相互竞争的态势，行业间产品市场竞争增加，产品供给增多。但是众多企业的加入，导致产品供给过多，据 2007 年至 2014 年中国上市公司企业年报数据显示，近 8 年内我国企业的资产收益率（Return on Asset）的均值仅为 3.8%，而产品市场竞争程度的指标赫芬达尔指数（HHI）的均值仅为 0.1。这意味着各行业的产品市场竞争程度激烈，而企业获得的收益较低，我国产品供应过度。

我国产品市场竞争过度主要呈现两个特点。第一个特点为行业内企业的数量过多，导致了我国企业生产能力的过剩，从而很难形成企业规模经济的优势，这就阻碍了企业生产经营效率的提高和发展；除此之外，企业数量过多会导致众多企业不能明显发挥竞争优势，造成新企业进入竞争市场的壁垒较低，这就促使更多投资者进入竞争市场中，造成了恶性循环，阻碍了我国产业向高技术水平发展，无法提高企业效益。第二个特点为行内企业的利润率较低，或出现亏损。在我国过度竞争的条件下，各企业为了争夺有限的市场，需要建立自身的竞争优势，吸引消费者，但是由于许多企业缺少研发投入，自主创新不足，各产品在性能、结构、应用上高度相似，这就意味着价格因素成为众企业抢夺消费市场的重要因素，为了尽快占领市场，各企业在数量和价格上进行竞争，压低价格的同时也降低了自身的利润。

产品市场竞争的白热化，为本书研究市场竞争作为企业治理机制，提供了依据。企业管理者为了追求薪酬的提高、在职消费等收益，在激烈的市场竞争下，管理层权力、决策、高管薪酬机制与企业的绩效也会受到影响。

3.3 管理层职能与薪酬体系的演化与变迁

3.3.1 管理者薪酬体制的变迁

在我国经济由计划经济向市场经济转变的过程中，企业对管理者的激励机制也随之改变。国有企业管理者薪酬体制的变迁与企业改革的变迁相同，也经历了三个阶段。随着企业改革的发展，管理者薪酬也不断地发展完善。

第一阶段为 1978 年至 1984 年，以按劳分配原则为基础的改革制度，将管理者的薪酬与企业绩效挂钩，以促进管理者工作努力程度。1978 年，国有企业以计件来设计薪酬体制，员工的生产奖金按其工资的 10%—12% 提取。1979 年，在国有企业自主权扩张的试点中，国家规定允许企业给员工提供奖金加强激励，此奖金以企业利润为基础，占其一定比例。三年后，国家对奖金体制进行了深入改革，规定奖金的数量不得高于企业生产率与企业绩效的增长速度。具体的奖金数额根据管理者经营企业过程中对国家的贡献额来确定，企业经营水平高，企业绩效好，对国家贡献多的管理者可以得到多的奖金。1983 年，国家对企业管理者与企业员工的工资在与企业绩效关联的同时，实行考核升级制。利改税制度改革后，企业管理者的奖金与企业税后利润挂钩，这就将国企高管薪酬与企业经营绩效联系起来。后期，企业管理者权力扩大，拥有了部分经营权，即对计划外的企业利润，高管拥有分配权，这就使管理层获得了自由支配的资源可以用来支付员工工资。

第二阶段为 1985 年至 1992 年，随着企业承包制的发展，企业进行按劳分配。在这一阶段，管理者薪酬与企业绩效相关联，企业经营者要想获得额外收益，必须履行承包合同所约定的内容。1984 年国家进一步制定了关于承包制的规定，完善了承包制下国有企业管理者的薪酬机制体系。

1986 年，我国国有企业开始了劳动合同制，拉开了企业员工按劳分配的序幕。从此员工薪酬不仅限于基本收入，还包括其他收入，这使得国企员工之间的薪酬差距拉大。同年 11 月，国家要求把企业绩效作为企业员工的收入的基础，使二者相联系。至 1988 年，国家深化了承包制企业的留利的相关政策：企业承包期的留利购入的固定资产要列为企业资产；承包期贷款购买的固定资产，用留利还贷的，要列为企业资产；如果是税前还贷的资产，按照相应的利润比例，分成国家资产与企业资产。

第三阶段是 1992 年至今，在现代企业制度改革的基础上推行管理层年薪制与股票期权等激励形式。分配制度为按劳分配。党的十四届三中全会提出了《关于建设社会主义市场经济体制若干问题的决定》，随之，国企员工薪酬体制也在不断改变。在薪酬体系发展过程中，也出现了许多问题，有的国企管理者为了提高私利，不顾企业的利益与实际情况，在未经过审批的情况下随意增加自己的工资。1994 年，为了解决改革过程中管理者随意增加薪酬的问题，我国劳动部和国家经贸委联合发布《关于加强国有企业经营者工资收入和企业工资总额管理的通知》，特别强调了国企高管不拥有自己随意调整自己薪酬的权力，并指出国企高管要想调整自己的薪酬，必须通过严密的审批过程的监督。1994 年，关于厂长的惩戒制度的发布意味着我国逐步建立了厂长惩戒奖励的机制：根据厂长权力与责任的大小，对其进行评价赏罚；再者，建立评价奖罚具体机制流程，根据考评结果来决定是否奖励，先评价，再惩罚或奖励；明确具体考评管理者工作效率的指标为经营成果，企业业绩突出时，则应对管理者进行奖励；突出精神层面激励的重要性。党的十四届三中全会提出“以按劳分配为主体，多种分配方式并存”，并且要以“效率优先，兼顾公平”，鼓励个人的资产与财产受到保护。党的十五届四中全会提出，要建立有效的企业分配制度，在国家指导下，企业内部进行全面改革，企业董事会、管理层等成员应各司其职，按劳动成果、为企业创造的业绩获得相应的薪酬。应允许对企业资本技术进行分配，企业实行按劳分配，职工之间的薪酬可以不同。之后各城市展开了年薪制的试点工作，包括北京、上海、深圳等。1997 年，北京、深圳、武汉等地不少企业实行股票期权激励方式，也都获得了好的结果。

1999 年党的十五届五中全会提出了近一步深入改革薪酬机制的建议，指出企业改革中薪酬激励的重要性，要求对有贡献的管理者与职工进行奖励与激励，将企业中员工、高管的薪酬与企业绩效相挂钩，以激励企业员工与高管行为，促进企业进一步发展。之后，国家财政部又颁发了条例，规范了企业员工与管理层的绩效评价制度，使企业绩效评价做到公平、合理、正义，这也是评定管理层与员工薪酬的基础。

经过二十多年薪酬体制的发展，我国国有企业管理者的薪酬体制发生了比较大的变化，企业激励机制有了很大的发展。除此之外，国企管理者经济责任制、企业资产保值责任制、企业业绩考核制，都约束了管理层的经营行为，并提高管理层薪酬水平，从而其激励努力工作来促进企业发展。除此之外，多元化的薪酬分配方式也发展起来，高管的薪酬不仅限于基本薪酬加奖金，还涌现出如股权股票、股息、红利等激励性薪酬。总的来说，较之前计划经济时期企业内部的薪酬机制而言，我国国企的高管薪酬机制有了长足的进步与发展。

3.3.2　国有企业高管职能的演化

我国国有企业长久以来是国家的附属企业。根据国家的管理条例、企业规模的不同，我国将企业分成不同的等级，国企高管在不同等级的企业中被赋予不同的职责与权力。在计划经济体制下，国有企业高管的薪酬体制缺乏激励效应，企业的管理者自身没有努力做额外工作、为企业创造额外效益的动力，国家机构也没有相应的激励国有企业管理者的机制与政策，企业都是依据国家政策与需要进行运营。计划经济体制制约了中国经济的发展与国有企业的进步，国有企业必须展开深入的改革。通过技术的创新、产品的创新，管理层自主权的增加使国有企业拥有了活力，提高了生产效率与产量。与此同时，市场经济的发展促使了私有企业的发展，市场中同行业企业的增多增加了市场的竞争性，不想被驱逐出市场，国有企业必须提高自身经营水平，与其他企业一争长短，提高利润率与生产效率，吸引消费者，扩大市场份额。要做到这些，企业的经营者就必须提高管理水平，加快企业创新，降低企业成本。改革前，国有企业管理者不拥有自主权，决策听从国家的安排。但是随着改革的进步，国有企业由原先国家的附属企业变成了以利润最大化与提高销量为目标的竞争性企业，经营者也由之前的没有自主经营权升级为拥有管理权、决策权的高权力高管。企业资源与决策都可以由管理者自由调配和决定。

林毅夫（1997）[218]提出，国有企业的内部契约决定了企业所有者与企业管理者之间的信息不对称、责任不对等等。当国有企业进行改革的时候，管理者的责任与信息等也会随之改变，相应的管理体系必须随之建立。在现代企业制度拓展的同时，中国国有企业需要根据市场与环境的变化，建立自己的科学管理体制，提高管理方法。建立科学管理体制的关键在于解决企业代理问题，即需要解决信息不对称（管理者比企业的所有者拥有更多的可能与权力来获得企业经营中相关的信息，如成本、利润、资源信息等），利益差异（企业股东利益最大化与管理者利益最大化之间并不对等，委托人与代理人之间的利益有时甚至可能相互侵害），与责任不相连性（当管理者作为委托人的决策代理者进行企业决策与运营职责，产生决策失误与企业损失时，管理者最多只是失去工作，但是委托人却有可能为此付出巨额代价，丧失大量的资产与企业利润）。在国有企业进行改革前的计划经济体制下，管理者权力受到国家机构抑制，代理问题一定程度上可以受到控制。但是随着国有企业改革的加深，国企高管的经营决策权扩大，其行为与权力很难测量，其决策的有效性很难得到测量，因而导致代理问题的加重。在改革的进程中，随着国有企业管理层权力的增长，国家的权益却受到了损害。国有企业管理者利用自身优势，为自身谋取利益，最大程度上增加费用，提高分配的员工薪酬与奖励水平，侵吞国有资产。世界银行（1996）[234]指出改革过程中，国有企业上缴国家财政的资金变少，绩效持续下降，企业面临巨额亏损，国有资产流失情况严重。国有企业绩效下降的原因不在于管理体制低级与企业生产率低下，而在于企业管理者对于国有资产的侵吞，费用的增加、薪酬的过高等都是导致企业利润率低的诱因（樊纲，1995）[235]。总的来说，侵吞国有资产与国有企业利润的行为是代理问题造成的，除此之外，企业产权关系和企业结构也是重要促因。我国国有企业治理结构的主要特征为“行政干预下的内部人控制”（张春霖，1995）[236]。2001 年，斯坦福大学教授青木昌彦认为企业改革过程中，国有企业的管理层与员工获得巨大的权力，从而在企业运营决策中，企业内部管理层与员工可以为自己争取利益。在现代企业中，管理层需要利用自身能力，结合企业资源，不断创新，提高企业的效率与效益，所以说，管理层获得巨大权力与企业控制权是相当普遍的企业现象。企业与员工的契约关系的优势在于管理层能够利用拥有的信息资源和权力，最大程度上将企业利益最大化。但是其缺点在于，实际应用中管理层往往使用拥有的权力与信息资源为自己谋利，因为这种权力没有法律的遏制，在某些企业中也缺少监管，所以这种无监督的权力会导致私人侵吞、侵占国有资产与财富。特别是在改革后的国有企业中，管理层拥有过大权力，必定会导致个人侵害国有企业资源，增加企业成本，人为降低企业利润等行为的发生。但是并不是在国企中，所有的管理层权力的扩大就一定意味着代理问题会产生。只有在信息不对称、企业监督机制发展不完整、各部门没有各司其职时，代理问题才会愈演愈烈。

总而言之，市场经济体制是解决之前计划经济时代产生的生产率低下、企业停步不前、无企业激励制度等的唯一途径和必选之路。但是随着市场经济改革的发展，企业内部委托—代理问题逐渐展现出来，这是之前国有企业作为政府附属企业时期所没有出现过的问题。由于信息的不对称，国家放权给国有企业管理层，会导致谋取私利行为的加重，对企业效益有负面作用。解决委托—代理问题的方法就是调整企业治理方式与结构。由于国有企业与私有企业的不同，实际的所有者并不能参与企业的经营，也缺少董事会的监管，管理层的行为缺少监管与控制。只有在科学的企业治理结构下，在管理层的努力程度、工作态度、决策的优劣能够评定的情况下，结合有效的薪酬激励制度，才能够真正在国有企业中体现市场经济体制的优势。要想与私有企业一争长短，国有企业内部治理体制改革是必经之路。随着改革的发展，管理者的职能也必将改变（林毅夫，1997）[218]。

3.4 本章小结

本章从中国分权改革出发，分析了伴随着中国市场经济体制的改革以及市场化的发展，不同行业的产品市场竞争导致出现竞争过低（垄断性行业）或竞争白热化的现象。在国家的激励政策下，国有企业的管理者由国家转向国有企业经营者，从而使国有企业管理者的权力得到逐步的提高和扩展，而民营企业管理者的权力也随着民营企业的进步而逐渐扩张。与此同时，我国上市公司管理者的薪酬体系与绩效考核体系也在不断完善，特别是国有企业，也逐渐建立起与市场化相对应的薪酬激励机制。但是在市场化初期，上市企业的内部治理机制仍不够完善，对管理层所扩张的权力无法有效地监督和控制，上市公司的市场化薪酬体系很可能被高管借机用来谋取私利，促使管理者寻租行为的发生。此时，产品市场竞争的白热化为本书研究市场竞争作为企业的外部治理机制提供了依据。

第4章 管理层权力与高管薪酬的相关性分析

4.1　引言

2015 年 1 月 1 日，《中央管理企业负责人薪酬制度改革方案》正式实施，被称为“限薪令”的此改革方案意味着对所有国有企业高管都将实施逐级限薪政策，也使我国国有企业的高管薪酬问题再次成为社会公众关注的热点。我国企业高管收入过高，这早已是不争的事实。依据人力资源和社会保障部所发布的 2011 年《中国薪酬发展报告》所示，我国企业内部近 5 年来高管工资增幅明显超过普通职工工资增幅，两成职工 5 年间从未涨过工资，208 家国企高管与一线职工的收入相差近 18 倍，而这一差距在 1979 年仅为 1.18 倍。同时，高管薪酬与企业业绩之间的倒挂现象也一直备受关注。在企业业绩下滑时，中国企业高管薪酬却呈现不降反升的现象，这说明中国企业内部薪酬体系依然有待完善。

基于我国企业内外部治理机制相对不够完善的背景，本书重点研究管理层权力对企业高管薪酬契约的影响。我们以 2007 年至 2014 年我国上市企业为样本，采用动态 GMM 估计方法，实证检验企业管理层权力对企业高管薪酬的影响，以及市场竞争的外部治理效应。

4.2 理论分析与研究假设

“最优契约理论”与“管理层权力理论”是高管薪酬研究的两种主要理论基础。从最优契约论的角度来说，管理层薪酬契约是公司股东为解决代理问题而与管理层订立的长期关系契约，旨在增强高管薪酬与公司绩效的敏感性。薪酬契约的有效性是连接企业所有者与企业管理者的重要纽带，是解决代理问题的关键，但是许多学者研究发现，企业股东与董事会并不能完全监督与影响管理者薪酬契约的设定，进而发展了相对的“管理层权力理论”。“管理层权力理论”提出，企业管理层权力的变化能够影响高管薪酬契约与机制的改变。Boyd（1994）[237]研究了企业董事与企业高管相关性与高管薪酬的关系，其认为，高管薪酬与董事的独立性成正比。Hallock（1997）[238]研究指出，企业董事相互关联是导致高管薪酬契约缺失有效性的重要原因。Bebchuk 等（2002）[116]指出，当管理层权力过度膨胀，拥有的权力大于董事，董事会丧失有效性，代理人即获得了操控薪酬的能力，薪酬契约将不再是公平的交易。Grinstein 和 Hribar（2004）[135]指出，高管权力的扩大时，董事会决策受到的影响更大，高管在交易后能够获取更多的薪酬奖励。高文亮（2011）[239]发现，随着高管任期的延长，管理层的权力会得到增强，从而抑制监督功能的有效发挥，有助于其在薪酬契约的制定中获得更多私利。刘文华（2012）[240]对我国企业的研究表明，当股权相对分散时，管理层的权力会更大，高管的薪酬水平会更高，且与企业业绩的相关性更低。方军雄（2009）[241]提出，中国企业高管与董事长两职合一的现象，为高管躲避董事会监督，利用权力操控薪酬体制提供了可能。综合以上研究结果可以发现：中国上市公司内外部治理机制依然不够完善，为管理层权力的扩张、影响自身薪酬、激励契约提供了有利条件。根据以上分析，本章提出假设 H1。

H1：在其他条件既定的情况下，管理层权力的增加与高管薪酬的提高显著正相关。

管理层权力理论认为，公司内外部治理机制不够完善，给了管理者利用手中权力在高管薪酬的制定上为自己谋求私利的机会。产品市场的竞争程度作为企业的外部影响因素，可以减少企业委托人与代理人之间的不对称关系，提高委托人对于代理人的约束与监管，减少代理人利用企业权力谋取私利的行为。因此，市场竞争越激烈，企业高管更能努力工作，进而提高了高管薪酬与企业业绩之间的敏感性，有效抑制了管理层权力对高管薪酬的影响。De Fond 等（1999）[199]的研究发现，产品市场竞争能够加强股东对企业管理层的有效约束，降低监督成本，提高管理层的努力水平，减少管理层的自利行为。Kim 等（2009）[173]对美国上市企业的实证研究表明，在企业内部治理机制不完善的背景下，产品市场竞争对管理层持股可能引起的代理问题具有抑制作用，即产品市场竞争能影响管理层持股带来的防御作用。

我国市场经济不断发展，现阶段我国企业的发展面临着股权结构不合理、产权制度不完善、缺乏有效的监督机制等问题。但是市场竞争程度日益激烈，行业内企业竞争的加剧提高了我国企业的完善的外部压力。宋常等（2008）[242]提出，可以将市场竞争作为企业外部制约机制，控制高管权力的膨胀，替董事会对管理层行使监管职责。陈震（2014）[243]从信息比较理论出发，说明产品市场竞争有助于降低企业的信息不对称程度，提高企业业绩在薪酬契约中的重要性，进而降低了管理层权力等非业绩因素在薪酬契约中的作用。上述分析说明，从企业外部环境因素探究，可以将市场竞争作为企业治理的手段，完善企业内部所有者对管理层的监督机制，降低企业高管利用权力影响高管薪酬的可能。根据以上分析，本书提出假设H2。

H2：在其他条件既定的情况下，市场竞争能够显著抑制管理层权力与高管薪酬提高之间的正相关关系。

管理层权力与高管薪酬的关系会受到企业性质的影响，在不同的产权性质下，管理层权力与高管薪酬的关系会有所不同。Coase（1937）[244]提出，企业产权是控制企业管理者为股东争取利益最大化的重要因素，企业产权的变化，会导致其作用机制与企业人员行为的改变。不同产权性质企业高管所制定的薪酬契约模式也有所差异。依据我国的实际情况，本章根据产权性质将企业分为国有产权企业与民营产权企业两种，提出在不同产权性质下高管权力与高管薪酬关系的研究假设。自20世纪80年代以来，伴随着我国国企改革，国有企业管理层权力不断扩展，国企高管逐渐获得了空前强大的决策权。但是由于国有企业所有者缺位，企业管理者缺乏相应的监督与约束，国企高管身兼薪酬契约的制定者、受益人与自我监督者。国有企业管理层被赋予过多的权力，为其谋取高额薪酬提供了条件，薪酬契约的制定过程就有可能成为管理层攫取私利的过程。周仁俊等（2011）[245]指出，企业高管持股显著影响高管的企业决策行为，且国有企业与民营企业的薪酬结构有所不同。刘星（2012）[246]借助管理层权力理论，对我国国有企业高管薪酬作出了合理解释，由于国有企业出资人不到位，高管薪酬契约的制定受到高管权力的影响。国有企业中内部治理机制的固有缺点，使高管利用权力影响薪酬契约、减少对自身薪酬不利的因素、高管薪酬与企业业绩倒挂等现象出现的概率大大增加。因此，本书认为相比于非国有企业而言，国有企业的产权问题更可能使得管理层权力凌驾于公司的治理机制之上，进而导致薪酬与业绩敏感性下降，高管利用手中权力影响自身的薪酬契约，攫取私利。根据以上分析，本书提出假设 H3。

H3：相对于非国有企业，管理层权力对高管薪酬的影响在国有企业中更为显著。

4.3　研究设计

4.3.1　研究样本选取

本书样本的研究区间为 2007—2014 年，主要因为 2007 年开始适用新会计准则，企业高管薪酬的披露出现变化。本书选取在研究区间内一直存续的 A 股上市公司为研究样本。我们遵循以下标准对样本进行了筛选：（1）在选取样本企业时剔除 ST、PT 股票，因为这类股票已体现出企业财务状况异常，即无效率经营；（2）剔除了变量的异常值与缺失值；（3）按照研究惯例删除了金融类公司。本书所使用的财务数据主要来自 CCER 和 CSMAR 数据库。另外，为了保证研究结果的稳健性，我们在 5%水平对公司层面的财务数据进行缩尾（winsorize）处理，最终选取的样本数为 1349 家。依据 SINOFIN 数据库的最终控制人，可以将我国企业分为国有企业和非国有企业两类，最终选取国有企业样本数为 821 家，非国有企业样本数为 528 家。

4.3.2 研究变量的选取

（1）被解释变量

国外文献对于高管的研究主要集中于首席执行官，但考虑到我国的特殊情况，国有独资及国有控股公司的董事长并不是委托人的代表，他们与总经理一样也是经营者，因此本书依照大部分国内文献的研究，仍然选择上市公司披露的“薪酬最高的前三位高管”作为本书的高管范围，并把高管薪酬总额的自然对数作为本书被解释变量的衡量指标。

（2）解释变量

本书参考 Finkelstein（1992）[29] 和谭庆美（2014）[30] 的研究，从组织权力、所有权权力、声望权力和专家权力四个方面对管理层权力进行度量。在组织权力上，本书选取两职兼任指标，衡量企业管理层所拥有的组织权力。一般认为，若两职兼任，会削弱股东对管理层的监督与约束。因此，如果总经理与董事长两职兼任，该指标取 1，反之取 0。在所有权权力上，本书选取管理层持股衡量企业管理层的所有权权力。一般认为，管理层持股能增加管理层对企业决策的影响力。因此，如果企业高管在本企业中持有股份，该指标取 1，反之取 0。在声望权力上，本书选取管理层任期衡量企业的声望权力。一般认为，管理层在位时间越长，个人声誉和威望越高，越有能力影响企业决策。因此，如果企业管理层的任期高于样本均值，该指标取 1，反之取 0。在专家权力上，本书认为，在我国企业中管理层受教育程度与其自身能力等因素相比，对管理层权力的影响较小。因此，本书参考卢锐（2007）[247] 对我国企业管理层权力的相关研究，选取股权分散程度衡量管理层权力。一般认为，当公司股权相对分散时，由于缺乏大股东的制约，管理层权力会更大。本书选取第一大股东的持股比例与第二至第十大股东的持股比例之比，如果该比值小于1，则该指标取1，反之取0。最后为综合反映企业的管理层权力，本书将以上四个不同角度的管理层权力衡量指标求和，得到管理层权力的综合指标。

（3）调节变量

对于产品市场竞争强度，采用赫芬达尔指数衡量产品市场竞争程度，用企业主营业务收入占行业内整体主营业务收入比重的平方和替代市场占有率计算。赫芬达尔指数越小，一般认为该行业的集中度越低，行业内企业之间的竞争越激烈。

（4）控制变量

参考徐大伟（2005）[248]、谭云清（2008）[249]、Kim（2009）[173]的研究，本书选择财政杠杆、企业规模和企业成长性作为控制变量。企业财务杠杆指标采用资产负债率来衡量。企业规模指标采用企业总资产的自然对数来衡量。企业成长性指标采用主营业务收入增长率来衡量。各变量的具体含义见表4-1。

4.3.3　研究模型的建立

本章的研究假设1要检验的是管理者权力对高管薪酬的影响，因此，首先建立回归模型，运用多元线性回归分析法，研究管理层权力对高管薪酬的影响。基于学者们验证的其他对于高管薪酬产生影响的因素，为了提高本章结果准确性，参考以往研究结果，本书引入资产负债率（Lev），企业规模（Size）与企业成长性（Grow）以控制公司内部对于高管薪酬的影响，具体模型1—5如下：

表 4-1　　变量定义表

变量名称	变量符号	变量计算
被解释变量	Pay	薪酬最高的前三位高管其薪酬总额的自然对数
解释变量	Power1	两职兼任，总经理与董事长两职兼任，该指标取 1，反之取 0
	Power2	高管持股，高管在本企业中持有股份，该指标取 1，反之取 0
	Power3	高管任期，高管任期高于样本均值，该指标取 1，反之取 0
	Power4	股权分散度，第一大股东的持股比例与第二至第十大股东的持股比例之比，如果该比值小于 1，则该指标取 1，反之取 0
	Power0	管理层权力的综合指标，Power0 = Power1 + Power2 + Power3 + Power4
调节变量	HHI	产品市场竞争强度，企业主营业务收入占行业内整体主营业务收入比重的平方和
控制变量	Lev	财务杠杆，资产负债率
	Size	企业规模，企业总资产的自然对数
	Grow	企业成长性，主营业务收入增长率

模型 1：

$$Pay_{i,t} = \alpha_0 + \alpha_1 Power1_{i,t} + \alpha_2 Lev_{i,t} + \alpha_3 Size_{i,t} + \alpha_4 Grow_{i,t} + \varepsilon_{i,t}$$

模型 2：

$$Pay_{i,t} = \alpha_0 + \alpha_1 Power2_{i,t} + \alpha_2 Lev_{i,t} + \alpha_3 Size_{i,t} + \alpha_4 Grow_{i,t} + \varepsilon_{i,t}$$

模型 3：

$$Pay_{i,t} = \alpha_0 + \alpha_1 Power3_{i,t} + \alpha_2 Lev_{i,t} + \alpha_3 Size_{i,t} + \alpha_4 Grow_{i,t} + \varepsilon_{i,t}$$

模型 4：

$$Pay_{i,t} = \alpha_0 + \alpha_1 Power4_{i,t} + \alpha_2 Lev_{i,t} + \alpha_3 Size_{i,t} + \alpha_4 Grow_{i,t} + \varepsilon_{i,t}$$

模型 5：

$$Pay_{i,t} = \alpha_0 + \alpha_1 Power0_{i,t} + \alpha_2 Lev_{i,t} + \alpha_3 Size_{i,t} + \alpha_4 Grow_{i,t} + \varepsilon_{i,t}$$

以上模型中，0—4 分别表示管理层权力的综合指标和其四个角度。在模型 1—5 中，我们重点关注的是变量 PowerX 的显著性和系数。如果变量 PowerX 的系数显著为正，则代表管理者权力的增强对其获得更高报酬有显著的正面影响，即本书的假设 1 成立。

本书的研究假设 2 要检验的是，市场竞争作为外部因素对管理者权力与高管薪酬之间关系的调节效应，因此我们首先建立回归模型 6—9：

模型 6：

$$Pay_{i,t} = \alpha_0 + \alpha_1 Lev_{i,t} + \alpha_2 Size_{i,t} + \alpha_3 Grow_{i,t} + \varepsilon_{i,t}$$

模型 7：

$$Pay_{i,t} = \alpha_0 + \alpha_1 Power0_{i,t} + \alpha_2 Lev_{i,t} + \alpha_3 Size_{i,t} + \alpha_4 Grow_{i,t} + \varepsilon_{i,t}$$

模型 8：

$$Pay_{i,t} = \alpha_0 + \alpha_1 Power0_{i,t} + \alpha_2 HHI_{i,t} + \alpha_3 Lev_{i,t} + \alpha_4 Size_{i,t} + \alpha_5 Grow_{i,t} + \varepsilon_{i,t}$$

模型 9：

$$Pay_{i,t} = \alpha_0 + \alpha_1 Power0_{i,t} + \alpha_2 HHI_{i,t} + \alpha_3 Power0_{i,t} \times HHI_{i,t} + \alpha_4 Lev_{i,t} + \alpha_5 Size_{i,t} + \alpha_6 Grow_{i,t} + \varepsilon_{i,t}$$

模型 6 研究的是各控制变量与高管薪酬间的关系。模型 7 在模型 6 的基础上引入了解释变量管理层权力的综合指标（Power0），模型 8 在模型 7 的基础上引入了解释变量产品市场竞争程度（HHI），模型 9 在模型 8 的基础上引入了本节的重点为，管理层权力综合指标与产品市场竞争强度的相交项（Power0 × HHI），如果交互项 Power0 × HHI 的系数为正，证明了市场竞争程度的增加能够抑制管理层权力对高管薪酬的影响，减少管理层在薪酬契约制定中的自利行为，将有效地支持本章提出的假设 2。

假设 3 要验证的是，相对于非国有企业，管理层权力对高管薪酬的影响在国有企业中是否更为显著，为此本书按照实际控制人把样本数据划分为国有企业和非国有企业分别进行检验，再对所得的实证结果进行比较分析。

4.4 实证分析

4.4.1 描述性统计

通过研究本书所选取的样本企业，样本公司的基本特征可以被描述。表 4－2 对比了 1349 家样本公司 2007 年至 2014 年薪酬的变化，被解释变量以薪酬最高的前三位高管其薪酬总额的自然对数作为计量依据，分别统计其均值、中位数、标准差、最小值和最大值，具体结果见表 4－2：

表 4－2　　2007—2014 年薪酬描述性分析

年份	变量	样本数	均值	中位数	标准差	最小值	最大值
2007	Pay	1349	12. 3288	12. 3087	0. 9407	0	17. 6726
2008	Pay	1349	12. 3928	12. 45644	1. 2677	0	16. 2231
2009	Pay	1349	12. 5099	12. 5564	1. 1369	0	16. 6151
2010	Pay	1349	12. 7033	12. 7415	1. 0889	0	15. 9988
2011	Pay	1349	12. 8511	12. 9032	1. 015	0	15. 9470
2012	Pay	1349	12. 9279	12. 9792	0. 9782	0	15. 9380
2013	Pay	1349	13. 0105	13. 0174	0. 9107	0	16. 2029
2014	Pay	1349	14. 1816	14. 1713	0. 9315	0	17. 1164
全样本	Pay	10792	12. 8632	12. 8507	1. 1763	0	17. 6726

从表 4－2 中薪酬描述性统计结果可以发现，2007 年至 2014 年，选取的 1349 个样本企业中的高管薪酬呈递增的趋势，其自然对数的均值由 2007 年的 12.3288 增长为 2014 年的 14.1816，在近 8 年内增长了 15.02%，持续增长趋势较稳定。不同年份间最高薪酬与最低薪酬之间的差异性较大。跨度最大的为 2007 年，最低薪酬为 0，最高值为其 17.67 倍。2008 年至 2013 年，其跨度有所加大，基本在 15 至 16 倍之间，至 2014 年，最低薪酬与最高薪酬间差距增至 17.11 倍。而近 8 年样本企业的中位数与均值差异较小，差额均小于 0.1，表明选取样本企业高管薪酬的极端值对于均值结果影响较小，且标准差从 2007 年的 0.94 发展至 2014 年的 0.93，最高值为 2008 年的 1.26，说明各年度高管薪酬水平较规律，偏离较小。

表 4－3 报告了共 1349 家样本公司 2007 年至 2014 年共 8 年内，各被解释变量、解释变量和主要控制变量的全样本描述性统计结果。从表 4－3 中可以看出，关键的解释变量管理层权力综合指标（Power0）的方差为 0.9766，最大值（4）和最小值（0）的相差较大，说明不同样本企业的管理层权力差距明显，这就为我们研究管理层权力对高管薪酬的影响提供了较好的条件。本章中，薪酬最高的前三位高管其薪酬总额的自然对数（Pay）作为被解释变量，其最大值为 17.6727，最小值为 0，标准差 1.1764，说明全样本企业间高管薪酬跨度较大。而调节变量市场竞争程度（HHI）的均值 0.1075，最大值为 0.6239，最小值仅为最大值的 2.3%，且中位数也仅为 0.0789，据此可以推断：我国大部分企业所处行业的产品市场竞争程度较高，且跨行业间的市场竞争程度有显著差异。

表 4 - 3　　全样本描述性分析

变量	样本数量	均值	中位数	标准差	最小值	最大值
Pay	10792	12.8633	12.8507	1.1763	0	17.6727
Power1	10792	0.1540	0	0.3610	0	1
Power2	10792	0.4506	0	0.4976	0	1
Power3	10792	0.3113	0	0.4631	0	1
Power4	10792	0.3744	0	0.4840	0	1
Power0	10792	1.2904	1	0.9766	0	4
HHI	10792	0.1075	0.0789	0.0720	0.0149	0.6239
Lev	10792	0.5937	0.5264	1.5280	-0.1947	96.9593
Size	10792	21.9215	21.7613	1.5885	0	30.4491
Grow	10792	0.6318	0.0973	17.0382	-1	1497.1560

表 4 - 4 将全样本数据分为国有企业与非国有企业，分别对其进行描述性分析。10792 个样本数据中，6568 个为国有企业近 8 年的数据，4224 个为非国有企业近 8 年的数据。平均而言，国有企业高管薪酬要略高于非国有企业高管薪酬，国有企业薪酬最高的前三位高管薪酬总额的自然对数（Pay）的均值高于非国有企业 0.18。通过国有企业与非国有企业薪酬对比，可以发现高管薪酬严重两极化。国有企业与非国有企业最低薪酬对数为 0，而国有企业最大值为 16.61，非国有企业薪酬自然对数的最大值为 17.67，在两种不同产权的企业中，最高薪酬与最低薪酬自然对数之间的差距都超过了 16 倍，这说明我国不同企业高管薪酬波动性较大。除此之外，从管理层权力的综合指标（Power0）来看，非国有企业的管理层权力综合指标 1.44 要大于国有企业管理层权力综合指标 1.19，可以说明相对于国有企业而言，非国有企业管理层在企业中拥有更大的权力。而在权力跨度上，不同产权性质企业之间的管理层权力差异性相同，与民营企业一样，国有企业管理层权力综合指标（Power0）的最大值超过最小值 4 倍，这说明不同企业中管理层获得的权力也相差甚远。

表 4－4　　国有与非国有企业对比描述性分析

变量	样本数		均值		中位数		标准差		最小值		最大值	
	国有企业	非国有企业	国有企业	非国有企业	国有企业	非国有企业	国有企业	非国有企业	国有企业	非国有企业	国有企业	非国有企业
Pay	6568	4224	12. 9334	12. 7543	12. 932	12. 7169	1. 1660	1. 1842	0	0	16. 6136	17. 6727
Power1	6568	4224	0. 0984	0. 2405	0	0	0. 2978	0. 4275	0	0	1	1
Power2	6568	4224	0. 4327	0. 4785	0	0	0. 4955	0. 4996	0	0	1	1
Power3	6568	4224	0. 2709	0. 3743	0	0	0. 4444	0. 4840	0	0	1	1
Power4	6568	4224	0. 3902	0. 3499	0	0	0. 4878	0. 4770	0	0	1	1
Power0	6568	4224	1. 1921	1. 4432	1	1	0. 9298	1. 0268	0	0	4	4
HHI	6568	4224	0. 1123	0. 0999	0. 0789	0. 077	0. 0763	0. 0641	0. 0149	0. 0149	0. 6239	0. 6239
Lev	6568	4224	0. 5881	0. 6024	0. 549	0. 4932	1. 5631	1. 4719	0	－0. 1947	96. 9593	55. 4086
Size	6568	4224	22. 2777	21. 3677	22. 0317	21. 2927	1. 6054	1. 3913	0	0	30. 4491	29. 0188
Grow	6568	4224	0. 3619	1. 0514	0. 1004	0. 0907	8. 5731	25. 0444	－1	－1	665. 5401	1497. 1560

4.4.2 相关性检验

由于是基于多元线性回归的动态面板研究，为保证估计的有效性及变量的适用性，本书采用研究皮尔逊相关系数来检验变量之间是否存在多重共线性问题，结果如表4-5所示。解释变量管理层权力，产品市场竞争强度与被解释变量高管薪酬之间最大相关系数为0.1855，说明被解释变量与主要解释变量之间不存在相关性问题。调节变量与控制变量相关系数均没有超过变量共线性问题的判断标准临界值0.75，因此我们认为共线性对本书的回归分析几乎无影响。高管薪酬与管理层权力各个角度的衡量指标都显著相关，这为管理层权力影响高管薪酬提供了初步证据。管理层权力综合指标（Power0）与高管薪酬指标（Pay）在1%水平上显著正相关，可以进一步证明本章假设的成立，即管理层权力对于高管薪酬的促进作用。管理层权力综合指标（Power0）与市场竞争程度（HHI）在1%水平上显著负相关，这为产品市场竞争强度约束管理层权力提供了初步证据。本书所采用的控制变量均与高管薪酬之间存在显著相关关系，说明控制变量的选取是有效的。

4.4.3 管理层权力与高管薪酬的回归分析

考虑到横截面数据不能反映变量时间趋势的局限性，本章选择面板数据估计，实证分析中采用动态面板系统GMM估计方法。根据对权重矩阵的不同选择，本书选择系统GMM的Arellano-Bond两步法。应用过程中GMM估计要求残差项不能存在序列相关。原假设为回归中的残差项不存在序列相关，通过abond检验，当AR（2）的p值大于0.1，表明残差不存在二阶序列相关。同时，对模型进行sargan检验，sargan检验p值大于0.1，

表 4-5　　变量的皮尔逊相关系数

变量	Pay	Power1	Power2	Power3	Power4	Power0	HHI	Lev	Size	Grow
Pay	1									
Power1	0.0061**	1								
Power2	0.1341***	0.0707***	1							
Power3	0.1855***	0.0546***	0.0752***	1						
Power4	0.0511***	0.0189**	0.0747***	0.014	1					
Power0	0.1793***	0.4409***	0.6083***	0.5396***	0.5473***	1				
HHI	-0.1008***	-0.0351***	-0.0603***	-0.0694***	0.0098	-0.0717***	1			
Lev	-0.0381***	0.0176*	-0.0388***	0.006	-0.0226**	-0.0216**	-0.0223**	1		
Size	0.4269***	-0.1316***	0.0878***	-0.0003	0.0529*	0.0221**	0.0181*	-0.0773***	1	
Grow	-0.0264***	-0.0032	-0.0199**	0.0021	-0.0131	-0.0168*	-0.0048	-0.0004	-0.0072	1

注：***、**和*分别表示在1%、5%和10%置信度水平下双边检验显著。

即模型有效。因此，本章及后续章节所有 GMM 回归均列出 abond 检验与 sargan 检验结果。本章回归均通过 abond 与 sargan 检验。

表 4－6 中模型 1 至模型 4 的回归结果表示的是，从上述四个不同视角衡量管理层权力对高管薪酬的影响。模型 1 的回归结果显示，管理层权力视角 1（Power1）下管理者与董事长两职兼任与高管薪酬的回归系数为 0. 3445，且在 1% 的置信水平上显著相关。这说明，两职兼任与高管薪酬显著正相关，即两职兼任每升高 1 倍，高管薪酬提高 0. 3445 倍。这验证了前文的预期，两职兼任会降低股东对管理层的监督，助长管理层的寻租行为。模型 2 中 2007 年至 2014 年的样本回归结果显示，管理层权力视角 2（Power2）下高管是否持股与高管薪酬在 1% 的置信水平下显著正相关，其回归系数为 0. 5843，这表明高管的持股会推动管理层权力的扩张，进而在高管薪酬契约的制定中谋求私利，此结果证明了高管持股对于管理层权力与高管薪酬之间关系的重要推动作用。模型 3 的回归结果中，管理层权力视角 3（Power3）下高管任期与高管薪酬的系数为 0. 9268，并在 1% 的水平上显著相关。这证明了高管任期对高管薪酬的正面影响，即高管的任期越长，对企业决策的影响力就越大，越有能力操控高管薪酬的制定。除此之外，高管任期指标（Power3）的系数（0. 9268）远远高于两职兼任（Power1）、高管持股（Power2）和股权分散度（Power4）与高管薪酬的回归系数，由此可以推断，相较于其他三个管理层权力的视角，高管任期（Power3）对高管薪酬的制定影响力最大。模型 4 的回归结果显示，股权分散度与高管薪酬在 1% 的置信水平上显著正相关，相关系数为 0. 1172，这与前文的预期一致，即股权的分散会降低大股东对管理层的有效约束，导致管理层滥用权力的现象加剧。

模型 5 给出的是管理层综合权力（Power0）对高管薪酬的影响，回归结果显示，管理层权力与高管薪酬在 1% 的置信水平下显著正相关，回归结果 0.4278 表明：我国企业中管理层权力的膨胀对高管的过高薪酬有显著的正面影响，本书提出的假设 H1 得到支持，即在其他条件既定的情况下，管理层权力的增加与高管薪酬的提高显著正相关。

表 4－6　管理层权力与高管薪酬动态面板回归结果

变量	模型 1	模型 2	模型 3	模型 4	模型 5
Power1	0.3445*** (6.82)				
Power2		0.5843*** (2.20)			
Power3			0.9268*** (37.06)		
Power4				0.1172*** (4.77)	
Power0					0.4278*** (27.86)
Lev	－0.036* (－1.89)	－0.0289* (－1.67)	－0.0186*** (－2.95)	－0.0304* (－1.66)	－0.049*** (－2.84)
Size	0.7650*** (8.93)	0.7265*** (8.61)	0.0686*** (6.24)	0.7387*** (8.58)	0.4939*** (6.95)
Grow	0.0001* (1.15)	0.0002* (1.25)	0.0012* (2.01)	0.0001* (1.06)	0.0008** (1.81)

续表

变量	模型 1	模型 2	模型 3	模型 4	模型 5
SARGAN（P 值）	21.7638（0.1871）	26.5088（0.1799）	27.0327（0.1523）	26.2645（0.1822）	28.0323（0.1428）
AR（2）（P 值）	0.3007（0.7637）	0.4081（0.6832）	0.8403（0.4007）	0.2755（0.7829）	0.4748（0.6349）

注：2007 年至 2014 年 1349 个样本企业解释变量，被解释变量和控制变量所有数据。

因变量：Pay = 薪酬最高的前三位高管其薪酬总额的自然对数。解释变量：Power1 = 总经理与董事长两职兼任；Power2 = 高管持股；Power3 = 高管任期；Power4 = 股权分散度 ；Power0 = 管理层权力的综合指标。控制变量：Lev = 资产负债率；Size = 企业规模；Grow = 企业成长性。

***、** 和 * 分别表示在 1%、5% 和 10% 置信度水平下双边检验显著。

4.4.4 市场竞争、管理层权力与高管薪酬的回归分析

本节在上一节的基础上研究不同的产品市场竞争条件将如何影响管理层权力与高管薪酬的关系。表 4 – 7 中模型 6 的回归结果显示的是，主要控制变量与企业高管薪酬之间的关系。企业的财务杠杆资产负债率与高管薪酬在 10% 的水平下显著负相关，这一数据结果证实，企业负债率越高，高管薪酬的发放会受到更多限制，这与利益相关者理论一致。而企业规模与高管薪酬的回归系数为 0.7730，且在 1% 的置信水平下显著相关，说明企业规模的扩大有助于高管薪酬的增加，企业规模越大，企业管理者获得的薪酬越高。企业成长性与高管薪酬在 10% 的水平下显著正相关，回归系数为 0.0013，说明高管薪酬契约的高低与企业发展与收益紧密联系。

模型 7 在模型 6 的基础上引入了产品市场竞争强度作为调节

变量，结果证明，各控制变量与高管薪酬的关系与前模型保持一致，但是企业规模对于高管薪酬的影响有所下降，与模型 6 相比，企业规模（SIZE）的回归系数下降了 0.0447，说明当考虑到产品市场竞争强度时，企业规模对于高管薪酬的推动作用受到抑制。HHI 回归系数 3.1986 证明：市场垄断程度越强，高管所获得的薪酬越高，即行业垄断程度较高的企业，使高管更容易获得过高的薪酬。模型 8 在模型 7 的基础上引入了作为关键解释变量的管理层权力综合指标（Power0），各控制变量与高管薪酬的关系如模型 7 与模型 6，企业的资产负债率与高管薪酬之间依然呈负相关系，而企业规模的增长与企业的发展仍促进高管薪酬的增长。管理层权力综合指标（Power0）与高管薪酬在 1% 的置信水平下显著正相关，相关系数为 0.4232，这说明管理者权力的扩大促进了其在高管薪酬契约制定中的自利行为，再次支持了本书提出的假设 H1。模型 9 在模型 8 的基础上引入了交互项管理层权力综合指标（Power0）和产品市场竞争程度（HHI）的乘积，企业资产负债率、企业规模与高管薪酬的关系均未发生实质性变化，相交项（Power0 × HHI）的回归结果 0.5547 在 1% 的置信水平下显著相关，说明交互项与高管薪酬呈显著正相关关系。而赫芬达尔指数（HHI）越低，该行业的市场垄断度越低，市场环境下企业之间的竞争越激烈，这证明了市场竞争程度的提高（市场垄断程度的降低）有利于抑制管理层权力膨胀对高管薪酬过高的促进作用，本书提出的假设 H2 得到支持，即当其他情况一定，市场竞争起到显著抑制管理层权力与高管薪酬提高之间的正相关关系的作用。

表 4－7　市场竞争、管理层权力与高管薪酬动态面板回归结果

变量	模型 6	模型 7	模型 8	模型 9
HHI		3.1986*** (3.35)	1.8089*** (3.33)	2.3953*** (4.27)
Power0			0.4232*** (27.69)	0.4168*** (27.30)
Power0 × HHI				0.5547*** (3.32)
Lev	－0.0323* (－1.73)	－0.0334* (－1.83)	－0.0494*** (－2.78)	－0.0469** (－2.65)
Size	0.7731*** (8.97)	0.7283*** (8.60)	0.4583*** (6.93)	0.4513*** (6.74)
Grow	0.0013* (1.13)	0.0017* (1.17)	0.0080** (1.78)	0.0006* (1.67)
SARGAN (P 值)	24.474 (0.1908)	26.1259 (0.1786)	26.6461 (0.1722)	25.0694 (0.1856)
AR（2） (P 值)	0.2508 (0.8020)	0.2075 (0.8356)	0.3917 (0.6953)	0.3551 (0.7225)

注：2007 年至 2014 年 1349 个样本企业解释变量，被解释变量和控制变量所有数据。

因变量：Pay＝薪酬最高的前三位高管其薪酬总额的自然对数。解释变量：Power0＝管理层权力的综合指标。调节变量：HHI＝产品市场竞争程度。控制变量：Lev＝资产负债率；Size＝企业规模；Grow＝企业成长性。

***、** 和 * 分别表示在 1%、5% 和 10% 置信度水平下双边检验显著。

4.4.5　国有企业与非国有企业对比的回归分析

表 4－8 将 1349 个样本企业根据产权性质划分为国有和非国有企业两组，通过对比分析，解释变量管理者权力的回归结果显

示高管权力对于不同产权性质的企业均存在正向作用。对比结果证明，与民营企业相比，国有企业的回归系数为0.2276，远远高于非国有企业的0.0496，且国有企业高管权力对高管薪酬的影响更加显著（在1%的置信水平下），这一实证结果说明，与非国有企业相比，国有企业的高管更有可能利用手中权力越过企业内部治理机制，影响自身薪酬契约，谋求私利，即本书提出的假设H3得到支持。管理层权力与产品市场竞争强度交互项（Power0×HHI）的回归结果表明，市场竞争对高管权力与薪酬契约间关系的抑制作用在不同产权性质企业中都存在，对比分析发现非国有企业相交项（Power0×HHI）与高管薪酬的系数为0.4113，与国有企业相比高出了0.2759，这说明国有企业作为政府的依附机构受国家政策与决策的影响较大，市场竞争对于非国有企业的治理效应更加明显。

表4-8　动态面板的回归估计结果：国有企业与非国有企业对比

变量	全样本	国有企业	非国有企业
HHI	2.3953***	0.7106*	5.4403***
	(4.27)	(1.21)	(7.45)
Power0	0.4168***	0.2276***	0.0496*
	(27.3)	(-2.38)	(1.81)
Power0×HHI	0.5547***	0.1354*	0.4113**
	(3.32)	(0.76)	(2.55)
Lev	-0.0469***	-0.0784***	-0.0366**
	(-7.17)	(-2.84)	(-2.02)
Size	0.4513***	0.3977***	0.5589***
	(6.74)	(5.02)	(8.74)
Grow	0.0006*	0.0001	-0.0011
	(1.67)	(3.15)	(-0.87)

续表

变量	全样本	国有企业	非国有企业
SARGAN （P 值）	25. 0694 （0. 1856）	23. 1473 （0. 1989）	26. 4568 （0. 1725）
AR（2） （P 值）	0. 3551 （0. 7225）	0. 7940 （0. 4272）	0. 2449 （0. 8065）

注：2007 年至 2014 年 1349 个样本企业解释变量，被解释变量和控制变量所有数据。

因变量：Pay = 薪酬最高的前三位高管其薪酬总额的自然对数。解释变量：Power0 = 管理层权力的综合指标。调节变量：HHI = 产品市场竞争程度。控制变量：Lev = 资产负债率；Size = 企业规模；Grow = 企业成长性。

***、** 和 * 分别表示在 1%、5% 和 10% 置信度水平下双边检验显著。

为了保证本书实证分析结果的稳健性，本章选取企业前十位高管薪酬总额的自然对数，薪酬最高的前三位董事、监事及高管薪酬的自然对数取代前文的高管薪酬指标，重新进行了重新检验，发现各主要变量的系数和显著性未发生显著变化，说明本章的研究结果通过了稳健性检验，支持了本书的主要结论。

4.5 本章小结

本章在管理者权力的基础上，重点研究了管理者权力对高管薪酬的影响，以及市场竞争对管理层权力与高管薪酬两者间关系的调节作用。在实证分析中，本章以 2007 年至 2014 年我国上市企业为样本，采用动态 GMM 估计方法，研究结果表明：（1）我国企业管理层权力的膨胀可能导致其在高管薪酬契约的制定中谋求私利，从而获得更高的薪酬；可能增加企业的薪酬成本。（2）市场竞争作为企业的外部治理机制，能替代股东对管理层进行有效监督与制约，进而减少管理层利用权力影响高管薪酬的可能，有效地抑制了过高的薪酬增加企业成本的可能，有益于企业表现与企业绩效。(3) 国有企业中存在的“所有者缺位”问题，可能导致管理层权力对高管薪酬的影响在国有企业比非国有企业中更为显著。

在我国企业内部机制不够完善的背景下，缺乏董事会、股东的有效监督，企业高管权力过度膨胀，给高管提供了利用权力侵害股东利益、谋取私利、提高薪酬的可能，而市场竞争能够有益于企业效益与薪酬成本控制。为了保证股东的利益与企业的价值，企业应完善企业内部机制，充分利用市场竞争作为外部治理机制，平衡管理层权力与高管薪酬的关系，充分发挥薪酬契约的激励作用。

第5章 管理层权力与企业绩效的相关性分析

5.1 引言

许多学者对于管理层权力与企业绩效之间的关系进行了研究。管理层权力是指有权力的高管们如何获得权力并且如何使用权力影响企业。Finkelstein（1992）[29]将权力分为结构权力、所有者权力、专家权力和声望权力。结构权力存在于企业结构中，是由企业等级权威创造的。所有者权力是由投票权产生的，这种权力属于企业的所有者。企业中拥有独特才能，并能在日常经营与决策制定上有助于企业发展进步的人员拥有专家权力。声望权力归属于企业中可以使用个人声望，自我价值与个人关系与特性对企业经营产生积极影响的人。已有的文献中，许多学者着重研究高管的结构权力与高管行为。Halebian 和 Finkelstein（1993）[250]

认为，管理者行为以及管理者行为对企业的作用受到企业环境的影响，不同的企业环境和高管特征对企业绩效的影响不同。学者们还认为，权力大的高管们对于企业绩效影响力的显著性高于权力小的高管。代理理论认为，管理者自由裁量权为管理者在作出有利于管理层而非满足股东利益的决策时可以获得的自由度（Jensen & Meckling，1976；Williamson，1963）[91][251]。根据代理理论，有权力的高管能够更明显地影响企业业绩。

随着我国市场的进步与发展，企业间的竞争态势愈演愈烈，市场竞争日益激烈。产品竞争影响着企业的经营表现和内部机制。在激烈的市场竞争环境下，国有企业作为国家的附属企业，在自由产品市场竞争环境下所面临的挑战有异于非国有企业。本章重点研究了管理层权力与企业绩效之间的关系，以及不同的竞争环境对二者关系产生的影响，并对国有与非国有企业进行了对比研究；深入研究了不同的产品市场竞争条件下，国有企业与非国有企业中管理层权力与企业绩效关系的差异性。

5.2　理论分析与研究假设

（1）管理层权力与企业绩效

在 1990 年，麦康奈尔（McConnell）[252]研究提出，企业价值和高管持股之间的关系呈现倒“U”形。Chung 和 Pruitt（1996）[253]实证研究发现，高管持股与公司绩效之间具有相关性，这种相互影响是积极的。1% 的高管持股会增加 0.997% 的 Tobin's。托宾 Q 值每增加 1% 会增加 1.003% 的高管持股比例。Barnhat 和 Rosenstein（1988）[254]用 142 家上市公司作样本，研究高管持股与公司绩效之间的相关性。他们发现当高管的持股比例大于0%或者低于1%时，企业业绩随着管理层持股比例的上升而上升。管理层持股比例在1%至5%之间时，企业业绩随着所有权比例的增长而降低。当高管的持股比例在5%和20%之间时，企业业绩和持股比例呈正相关关系。不过当高管持股比例超过20%时，企业绩效与管理层持股比例呈负相关关系。亚当斯等（Adams et al.，2005）[255]得出结论，企业在决策过程中采纳不同高管的意见有益于企业决策最优化。有权力的企业高管可以在重大事件发生的情况下，拥有其他高层管理人员所不拥有的决策权，对企业的绩效有推动作用。权小锋（2010）[256]通过实证分析发现，高管的权力越大，其能够为企业创造更好的经营绩效的能力越高。Kim 和 LU（2009）[173]实证发现，当外部治理薄弱时，高管持股与企业绩效呈倒“U”形关系。当外部治理严格时，高管持股与公司绩效之间没有明显的关系。Bebchuk 等（2011）[257]证明企业高管权力的大小是影响企业经济结果的重要因素。这几十年来，关于高管权力与经营绩效之间的关系，学者们一直争论不休，得出的结论也有所差异，特别是基于我国现实背景的研究结论，仍未达到统一。

委托—代理理论认为，当管理者与企业所有者通过奖励契约相联系时，可以降低二者的利益分歧，从而激励管理者为企业所有者争取利益最大化，提高企业绩效[129]。因此，笔者认为当高管持股或总经理与董事长两职兼任时，利益的趋同会促使管理者利用手中权力促进企业的收益与价值。而高管任期越长，越能够有效地为企业制定长期的发展计划，构思发展前景，有益于企业的发展。管理层权力是一个综合的指标，基于以上分析，本章提出以下假设：

假设 H1：在其他条件一定的情况下，管理层权力与企业绩效正相关。

（2）市场竞争的调节作用

市场竞争对企业管理者薪酬制定、公司治理的绩效的影响相当关键（Klaus，1997）[258]。Leibenstein（1996）[259]得出结论，在一个竞争不激烈的市场中，管理者投资决策会产生低回报率和低效率的投资结果。Jagannathan 和 Srinivasan（1999）[260]指出，激烈的市场竞争会自动降低管理者的工作疏忽。因为在竞争激烈的情况下，管理者会以股东利益最大化为先，减少谋取私利的行为。Schmidt（1997）[17]提出，激烈的市场竞争保证了工作组织的边际价值和惩戒机制对于企业的作用。基于现有的研究，笔者认为在激烈的市场竞争环境下，拥有强大权力的管理者必须致力于股东利益最大化。也就是说，市场竞争可以促进高管权力对企业经营结果的积极效应，本章提出以下假设：

假设 H2：在其他条件既定的情况下，激烈的产品市场竞争能够促进管理层权力与企业绩效的正相关关系。

（3）国有企业与非国有企业

我国国有企业的典型问题是企业中没有监督者。国有企业的所有者是国家，而国家没有人类特性。从理论上说，中国政府将国有企业的权力委托给地方政府或国务院国有资产监督管理委员会，并允许他们建立董事会，监督国有企业的经营和活动。然而，代理程序太长削弱了监管者的影响力并传递了误导性的信息。此外，地方政府并不能从企业发展中受益，他们的收入是由中央政府分配的。地方政府没有监督国有企业的动力，这就给国有企业管理者从企业中获得更多权力与个人利益的可能性。不仅如此，政府作为公务员，必须承担行政职能。所有者与公务员的双重地位对政府来说，更难以遵循市场经济规律。董事会和监事会是没有用的。国有企业管理者控制企业的决策权与内部权力，他们雇用和监督他们自己（Wang，2007）[261]。

国有企业中的代理冲突问题相对突出。非国有企业的所有权是明确与清晰的，正式董事会的构建和股东以及管理者之间的代理关系是简单和稳定的（Xu and Cai，2008）[262]，因此非国有企业管理层权力的扩张能够创造更高的企业绩效。基于上述分析，本章提出以下假设：

假设 H3：与国有企业相比，管理层权力对企业绩效的促进作用在非国有企业中更为显著。

5.3 研究设计

5.3.1 研究样本的选取

中国企业普遍遵循 2007 年制定的会计准则。本章研究的样本为国泰安数据库中 2007 年至 2014 年公开上市的 A 股公司。我们根据以下标准选取样本公司：

（1）中国股票市场中 ST 和 * ST 的企业被删除掉，因为这些企业已经存在经营危机或者亏损了一些年，这些企业是没有价值的样本。

（2）剔除数据不完整或缺失的公司。

（3）排除了金融行业的企业，金融行业独特的经营特色明显区别于其他行业的企业（Haniffa & Cooke，2005）[263]。

（4）在中国证券市场中的 B 股公司也被剔除掉，因为 B 股股票市场中的应用的会计准则同 A 股股票市场的准则有很大的不同，这些差异会对我们变量的计算产生影响。所有的样本都是从中国证券市场和国泰安数据库中收集。最后，本章选择了 1349 家公司作为研究样本。以企业最终控制人为基准，最终将所有样本分为 821 家国有企业和 528 家非国有企业。

5.3.2　研究变量的选取

（1）因变量的选取

Griffin 和 Mahon（1997）[264]从 51 项相关的研究中发现，学者们运用 80 种不同的方法来衡量公司财务绩效。基于数据资源，财务绩效指标可以分为市场收益指标和会计指标。衡量公司经营效益和盈利能力，利润率是一个不错的选择。利润率可以说明在一定时期内，基于销售额、资产、资本和每股收益，企业的利润和收入的数量（kabajeh et al，2012）[265]。根据前人的文献，本章选择净资产收益率（ROA）作为企业利润的测量指标，以及本章的财务绩效指标。净资产收益率（ROA）用来衡量每单位资产为企业创造的净利润，它是衡量企业资产利用效率和企业总资产收益能力的重要指标，其计算方法为净利润除以总资产的平均余额，总资产的平均余额为本期和上期资产总额的 1/2。

（2）自变量的选取

本章采用与第 4 章相同的方法对管理层权力进行测量，在前人研究的基础上，添加所有权的分散度作为衡量管理权的第四个维度，加以之前的三个视角，最终选择高管是否两职兼任，高管是否持股，高管任期是否高于样本均值，以及股权分散度这四个维度。同第 4 章一样，组织权力（Power1）为总经理与董事长两职兼任指标，如果两职兼任该指标取 1，反之取 0，高管两职兼任会扩大其权力，股东不能有效地监管管理层。管理层是否持股（Power2）作为衡量管理层所有权权力的指标，如果企业高管在本企业中持有股份，该指标取 1，反之取 0。持股的管理层在进行企业决策时能够更好地实施管理权。在声望权力上选取管理层任期（Power3）作为声望权力指标，如果企业管理层的任期高于样本均值，该指标取 1，反之取 0。管理层的任期越长，在企业中的威望和影响力会更高，有利于其行使权力，进行企业决策。股权分散程度（Power4）作为管理层权力的第四个维度，本章依然选取第一大股东的持股比例与第二至第十大股东的持股比例之比，如果该比值小于 1 则该指标取 1，反之取 0。当企业股权过于分散时，小股东不能有效地监管或制约管理层权力，管理层权力会进一步扩张。管理层权力的综合指标（Power0）为以上四个指标之和。

（3）调节变量

在不同市场竞争条件下，本章试图以市场竞争为变量来衡量管理权与公司绩效的相关性。同第 4 章，本章使用赫芬达尔指数计算行业内市场垄断程度。赫芬达尔指数越小，垄断程度越低，市场中企业之间的竞争越激烈。

（4）控制变量

本章选择财务杠杆作为控制变量。企业财务杠杆指标使用资产负债率来衡量。除此之外，企业收入增长率和企业规模也被设为控制变量。企业规模被计算为企业总资产的自然对数。表 5 - 1 归纳了所有变量的计算方法。

5.3.3 研究模型的建立

本章建立了两个回归模型来测试管理层权力与企业绩效之间的关系和市场竞争对于管理层权力与企业绩效关系的调节效应。本章的假设 H1 是检验管理层权力对于企业绩效的影响，建立回归方程如下：

方程 1：

$$ROA_{i,t} = \alpha + \beta_1 PowerX_{i,t} + \beta_2 Lev_{i,t} + \beta_3 Grow_{i,t} + \beta_4 SIZE_{i,t} + \varepsilon_{i,t}$$

表 5-1　　　　变量定义表

变量名称	变量符号	变量计算
因变量	ROA	净利润/（上期资产余额 + 本期资产余额）/2
自变量	Power1	两职兼任，总经理与董事长两职兼任，该指标取 1，反之取 0
	Power2	高管持股，高管在本企业中持有股份，该指标取 1，反之取 0
	Power3	高管任期，高管任期高于样本均值，该指标取 1，反之取 0
	Power4	股权分散度，第一大股东的持股比例与第二至第十大股东的持股比例之比，如果该比值小于 1，则该指标取 1，反之取 0
	Power0	管理层权力的综合指标，Power0 = Power1 + Power2 + Power3 + Power4
调节变量	HHI	产品市场竞争强度，企业主营业务收入占行业内整体主营业务收入比重的平方和
控制变量	Lev	财政杠杆，资产负债率
	SIZE	企业规模，企业总资产的自然对数
	Grow	企业成长性，主营业务收入增长率

方程 1 中 X = 0，1，…，4，分别表示管理层权力四个角度和最终的综合指标。在方程 1 中，我们重点关注的是变量 PowerX 的显著性和系数。如果变量 PowerX 的系数显著为正，说明管理层权力的扩张会促进企业的绩效，管理层权力越大，创造的企业价值越高，即本章的假设 H1 成立。

假设 H2 要检验的是市场竞争程度对管理者权力与企业绩效之间关系的调节作用，因此我们首先建立如下的回归方程：

方程 2：

$$ROA_{i,t} = \alpha + \beta_1 Power0_{i,t} + \beta_2 HHI_{i,t} + \beta_3 Power_{i,t} \times HHI_{i,t} + \beta_4 Lev_{i,t} + \beta_5 Grow_{i,t} + \beta_6 SIZE_{i,t} + \varepsilon_{i,t}$$

方程 2 中，管理层权力变量只选取了综合指标 Power0，因为在方程 2 中，我们重点关注的是交互项 Power0 × HHI 与企业绩效（ROA）的显著性和系数。如果交互项前的系数为负，则 HHI 的增加（市场竞争的减少）会阻碍管理层权力对于企业绩效的正面影响。即证明了假设 H2：激烈的产品市场竞争会促进管理层权力与企业绩效的正相关关系，进一步提高企业绩效。

假设 H3 用以研究管理层权力对于企业绩效的促进作用是否在国有企业中更为显著。本书根据企业实际控制人将样本企业分为国有企业与非国有企业，并实证对比两组样本，将结果进行分析。

5.4 实证分析

5.4.1 描述性统计

基于我国市场化不断发展，市场经济逐步完善，表 5 - 2 对 2007 年至 2014 年所选取样本的净资产收益率（Return on Asset）进行统计与分析，可以得知近 8 年内我国上市公司经营收益的变化程度。表 5 - 2 分别描述了净资产收益率的均值、中位数、标准差、最大值与最小值。样本企业的净资产收益率从 2007 年至 2014 年都没有超过 0.06，特别是 2014 年，净资产收益率降到了 0.019，说明样本企业每 100 元的资产能够给企业创造 1.9 元的净利润。各样本企业收益最好的在 2011 年，净资产收益率均值达到了 8 年来的最高值 0. 057，超出 2014 年最低值的 3. 78%，说明在 2011 年，企业每 100 元的资产能够创造 5. 7 元的净利润。近 8 年净资产收益率的最大值也出现在 2011 年，为 20. 78，个别样本企业能够将资产收益最大化，尽可能地利用自身资本进行运作与投资。

表 5 - 2　　2007 - 2014 年净资产收益率（ROA）描述性分析

变量	样本数量	均值	中位数	标准差	最小值	最大值
2007	1349	0. 0498	0. 1528	- 0. 7970	2. 3174	0. 0361
2008	1349	0. 0258	0. 1724	- 3. 7747	2. 3010	0. 0285
2009	1349	0. 0299	0. 1471	- 3. 0012	1. 9971	0. 0312
2010	1349	0. 0473	0. 2275	- 6. 7637	2. 9330	0. 0397
2011	1349	0. 0568	0. 5791	- 1. 9974	20. 7876	0. 0328
2012	1349	0. 0367	0. 1577	- 1. 3470	4. 0910	0. 0262
2013	1349	0. 0445	0. 3476	- 1. 5613	10. 0322	0. 0256
2014	1349	0. 0190	0. 4881	- 16. 1125	7. 2493	0. 0240

表 5 - 3 按各自变量、因变量、调节变量与控制变量，将 2007 年至 2014 年的 1349 个样本企业数据概括在内。如表 5 - 3 所示，样本企业平均来说是盈利的。样本的因变量净资产收益率的平局值为 3. 87%，企业的净利润要高于企业的资产数，但是每单位的企业资本创造的企业净利润的数额有限。其中一个自变量，综合管理层权力的指标（Power0）的标准差是 0. 9766。Power0 的最高值 4 与 Power0 最低值之间的差额很大，这说明在样本企业中高管权力差异大，为我们将管理层权力作为重要解释变量提供了可能。调节变量 HHI 的平均数为 0. 1075，这说明大多数企业的市场竞争程度都很激烈。

表 5 - 3　　　　变量描述性分析

变量	样本数量	均值	中位数	标准差	最小值	最大值
ROA	10792	0.0387	0.0301	0.3253	-16.1125	20.7876
Power1	10792	0.1540	0	0.3610	0	1
Power2	10792	0.4506	0	0.4976	0	1
Power3	10792	0.3113	0	0.4631	0	1
Power4	10792	0.3744	0	0.4840	0	1
Power0	10792	1.2904	1	0.9766	0	4
HHI	10792	0.1075	0.0789	0.0720	0.0149	0.6239
Lev	10792	0.5937	0.5264	1.5280	-0.1947	96.9593
Size	10792	21.9215	21.7613	1.5885	0	30.4491
Grow	10792	0.6318	0.0973	17.0382	-1	1497.1560

5.4.2　相关性检验

本章同第 4 章相一致，选取多元线性回归的动态面板研究，为保证估计的有效性及变量的适用性，采用相关系数检验变量之间是否存在多重共线性问题。表 5 - 4 解释了多重共线性问题。结果如表 5 - 4 所示，管理层权力的大多数维度与企业绩效显著相关，这说明选定的变量是有意义的。管理层权力综合指标（Power0）与净资产收益率（ROA）在 5% 的置信水平下显著正相关，为本章用管理层综合指标研究企业绩效的变化提供了依据。产品市场竞争指标赫芬达尔指数（HHI）与管理层权力综合指标（Power0）显著相关，这说明市场竞争对于管理层权力有巨大的影响。所有选取变量各相关系数均没有超过变量共线性的临界值，因此，我们认为本章中多重共线性问题不会影响到回归结果。

表 5-4　　变量的皮尔逊相关系数

变量	ROA	Power1	Power2	Power3	Power4	Power0	HHI	Lev	Grow	SIZE
ROA	1									
Power1	0.0191 *	1								
Power2	0.0075	0.0707 ***	1							
Power3	0.0289 ***	0.0546 ***	0.0752 ***	1						
Power4	0.0021	0.0189 **	0.0747 ***	0.014	1					
Power0	0.0235 **	0.4409 ***	0.6083 ***	0.5396 ***	0.5473 ***	1				
HHI	0.0037	-0.0351 ***	-0.0603 ***	-0.0694 ***	0.0098	-0.0717 ***	1			
Lev	-0.2809 ***	0.0176 *	-0.0388 ***	0.006	-0.0226 **	-0.0216 **	-0.0223 **	1		
Grow	0.0091	-0.0032	-0.0199 **	0.0021	-0.0131	-0.0168 *	-0.0048	-0.0004	1	
SIZE	-0.0066	-0.1316 ***	0.0878	-0.0003	0.0529 ***	0.0221 **	0.0181 *	-0.0773 ***	-0.0072	1

注：2007年至2014年所有的解释变量、被解释变量和控制变量所有数据。*** 在1%的水平上显著；** 在5%的水平上显著；* 在10%的水平上显著。

5.4.3 管理层权力与企业绩效的回归分析

本章选取系统 GMM 的两步法，模型结果均通过 abond 与 sargan 检验。从表 5－5 中可以得知，模型 1 到模型 4 的回归结果显示，管理层权力的四个维度都与企业绩效相关联。净资产收益率可以衡量企业绩效。模型 1 的回归结果显示，高管的总经理与董事长的两职兼任与企业绩效在 1% 的置信水平下正相关，回归系数为 0.0202，这说明企业高管两职兼任对于企业绩效有显著的正面影响，这证实了之前的假设，如果高管也是企业董事长的话，两职兼任会提高管理者与股东利益一致性，有利于企业绩效的提高。模型 2 的回归结果表明，高管持股与企业绩效在 1% 的置信水平下显著正相关。这说明高管持股的增加虽然会促使管理层拥有更多的权力，但是由于持股的增加，提升了高管股东的利益趋同度，进而减少了代理问题，企业的绩效得到提高。模型 3 的回归结果显示，高管任期与企业绩效回归系数为 0.0211，在 1% 的置信水平下显著相关。这说明高管的任期越长，其拥有的高管权力越大，对于企业价值的贡献越大。模型 4 的回归结果显示，股权分散度与企业绩效之间呈正相关 0.0036，说明股权的分散提高了管理层自主决策的权力，有利于更好地为企业创造效益，提高企业绩效。

表 5－5 中模型 5 的回归结果显示了综合管理权力指标（Power0）与企业绩效的关系，模型结果显示管理层权力与企业绩效之间是在 5% 的置信水平下显著正相关的。以上实证结果证明了管理层权力的扩张会显著促进企业绩效，假设 H1 得到支持。

表 5 - 5 动态面板的回归估计结果：管理层权力与企业绩效

Variables	模型 1	模型 2	模型 3	模型 4	模型 5
Power1	0. 0202 *** (2. 66)				
Power2		0. 0201 *** (2. 61)			
Power3			0. 0211 *** (2. 15)		
Power4				0. 0033 ** (1. 78)	
Power0					0. 0036 ** (2. 54)
Lev	-0. 2067 *** (-36. 91)	-0. 1804 *** (-9. 07)	-0. 1647 *** (-12. 22)	-0. 2077 *** (-36. 82)	-0. 2025 *** (-39. 60)
Grow	0. 0034 ** (2. 45)	0. 0017 * (1. 90)	0. 0002 * (1. 85)	0. 0003 ** (2. 45)	0. 0018 (1. 25)
SIZE	-0. 0161 (-1. 15)	-0. 0548 *** (-3. 75)	-0. 0087 ** (-2. 40)	-0. 0165 (-1. 16)	-0. 0338 *** (-7. 75)
SARGAN (P)	26. 44061 (0. 1517)	13. 2190 (0. 4310)	19. 2443 (0. 2029)	27. 0020 (0. 1352)	24. 3785 (0. 2262)
AR (2) (P)	-1. 0298 (0. 3031)	-0. 7650 (0. 4442)	-0. 9467 (0. 3438)	-1. 0297 (0. 3031)	-1. 0413 (0. 2977)

注：2007 年至 2014 年 1349 个样本企业解释变量、被解释变量和控制变量所有数据。

因变量：ROA = 净利润/（上期资产余额 + 本期资产余额）/2。自变量：Power1 = 总经理与董事长两职兼任；Power2 = 高管持股；Power3 = 高管任期；Power4 = 股权分散度；Power0 = 管理层权力的综合指标。控制变量：Lev = 资产负债率；Size = 企业规模；Grow = 成长性。

*** 、** 和 * 分别表示在 1% 、5% 和 10% 置信度水平下双边检验显著。

5.4.4 市场竞争、管理层权力与企业绩效的回归分析

在表5-6中，模型6的回归结果表示了控制变量与企业绩效之间的关系。财务杠杆资产负债率与企业绩效负相关说明，高的资产负债率会阻碍企业经营结果的提高，降低企业收益。企业主营业务收入增长率与企业绩效在1%的置信水平下显著正相关，说明企业主营业务收入与企业绩效的提高成正比。

在模型6的基础上，调节变量市场竞争程度（HHI）被引入模型7中。模型7的回归结果表明，控制变量与企业绩效之间的关系与模型6中的回归结果相吻合。产品市场竞争程度（HHI）与企业绩效在10%的水平上显著负相关，说明市场垄断的增加（HHI的上升）会阻碍企业绩效的发展，即产品市场竞争激烈时，企业业绩表现更好，这是由于产品市场竞争的发展促使着企业提高产品服务质量，进一步提升顾客满意度，提高企业收益，促进了企业绩效。

在模型8中，重要的解释变量Power0（综合管理层权力指标）被引入。控制变量和绩效的相关性与模型6与模型7中得到的结果相一致。模型8中的回归结果，表明了管理层权力与企业绩效之间在1%的置信水平下显著正相关（0.0040）。假设H1再一次被验证，管理层权力的扩张会有益于管理层决策的制定与实施，促进企业绩效的提高。在模型9中，管理层权力变量与市场竞争变量的相交项（Power0×HHI）被引入，控制变量与企业绩效之间的相互关系与模型6、7和8中的一致。回归结果表示，相交项（Power0×HHI）的相关系数为-0.0507，与企业绩效在5%的置信区间下是显著负相关的，这说明市场竞争的增加（HHI的降低）会促进管理层权力扩张对企业绩效产生的正面效应，假设H2得到支持。

表 5-6　动态面板的回归估计结果：市场竞争的调节效应

变量	模型 6	模型 7	模型 8	模型 9
HHI		-0.1580* (-1.85)	-0.1621** (-1.95)	-0.2289* (-1.84)
Power0			0.0040*** (2.72)	0.0082*** (2.88)
Power0 × HHI				-0.0507** (-2.41)
Lev	-0.2945*** (-38.21)	-0.2086*** (-37.06)	-0.2079*** (-37.18)	-0.3659*** (-30.98)
Grow	0.0029* (1.57)	0.0003** (2.44)	0.0003*** (2.471)	0.0002 (1.03)
SIZE	-0.0553*** (-5.17)	-0.0180 (-1.21)	-0.0201* (-1.33)	-0.1382*** (-5.79)
SARGAN (P)	25.9493 (0.1009)	27.1806 (0.1303)	27.2233 (0.1291)	13.5375 (0.4072)
AR（2） (P)	1.0404 (0.2982)	-1.0291 (0.3034)	-1.0293 (0.3034)	1.1269 (0.2598)

注：***、** 和 * 分别表示在 1%、5% 和 10% 置信度水平下双边检验显著。

5.4.5　国有企业与非国有企业对比的回归分析

在中国特殊的体制下，中国的国有企业高管并未被有效监督与制约，所有者缺位问题削弱了国有企业的内部控制流程。与非国有企业相比，国有企业的代理问题更加严重。

本章将全样本分为国有企业组与非国有企业组。回归结果表明，被解释变量管理层权力（Power0）与企业绩效之间呈显著正相关关系。通过对比国有企业与非国有企业中 Power0 的系数，发现国有企业的管理层权力（0.0042 的系数）对企业绩效的积极影响要小于非国有企业管理层权力（0.0062 的系数）对其的影响。由于缺乏所有者监督，国有企业高管在企业中更有可能利用企业赋予的权力来追求私人利益，损害企业利润和企业绩效；而非国有企业中股东的监督减少了代理问题发生的可能，因此，假设 H3 予以验证。通过分析相交项 Power0 × HHI，发现市场竞争可以有效促进管理层权力企业绩效敏感性。这种促进作用既体现在国有企业中，也表现在非国有企业中。但是回归结果表明，在非国有企业中，市场竞争对于管理层权力和企业绩效的调节效应更显著（-0.0386），这可能是由企业性质所决定的。国有企业具有被政府控制和干涉管理机制的特点，因此，外部市场竞争的影响力对于非国有企业更加显著。

表 5-7　动态面板的回归估计结果：国有企业与非国有企业对比

变量	全样本	国有企业	非国有企业
HHI	-0.2289* (-1.84)	-0.1271* (-1.63)	-0.5927** (-2.33)
Power0	0.0082*** (2.88)	0.0042* (1.40)	0.0062** (1.97)
Power0 × HHI	-0.0507** (-2.41)	-0.0344* (-2.20)	-0.0386* (-1.65)
Lev	-0.3659*** (-30.98)	0.8540*** (10.41)	-0.0027 (-0.62)
Grow	0.0002 (1.03)	0.0001 (1.41)	0.0006*** (2.51)
SIZE	-0.1382*** (-5.79)	-0.0144* (-1.56)	-0.0228*** (-6.58)

续表

变量	全样本	国有企业	非国有企业
SARGAN (P)	13.5375 (0.4072)	7.3260 (0.7721)	24.6559 (0.1347)
AR (2) (P)	1.1269 (0.2598)	-0.9289 (0.3529)	1.3839 (0.1664)

注：***、** 和 * 分别表示在 1%、5% 和 10% 置信度水平下双边检验显著。

实证研究中重要的问题为稳健性问题。为了保证管理层权力，以及企业绩效与产品市场竞争实证结果的稳健性，本章使用附加的测试来检验模型的稳健性。将每股净资产值（net asset value per share）来替代前文中的净资产收益率（Return on Asset）作为企业绩效的代理变量，用行业内总体企业数目的倒数作为市场竞争程度的指标来检验模型的有效性。研究证明，各变量的相关系数与显著性与本章回归结果相一致，由此，可以从稳健性检验中推断实证分析的结论是稳定和有意义的。

5.5　本章小结

本章借助管理层权力理论，分析了管理层权力对于企业绩效的影响，以及产品市场竞争对于管理层权力与企业绩效关系的调节效应。在实证分析中，2007 年至 2014 年上市公司的数据被选为研究样本，通过系统 GMM 估计方法，得到回归结果。模型结果表明，管理层权力的增加对于企业绩效有正向影响，会提高企业利润率。产品市场竞争作为外部管理机制，可以替代股东的角色，对管理层实施监督与制约，进一步激励高管有效利用权力提高企业绩效与表现。除此之外，由于政府对国有企业的重要影响力，高管权力对企业绩效的正向作用在民营企业中更为显著。由此可以证明，企业管理者应该被赋予恰当的权力，以便在企业经营决策中更好地创造效益。同时，市场竞争作为外部治理机制，可以激励管理层适当使用权力、努力工作、创造企业价值，降低管理者代理问题，进一步促进企业效益与股东权益的增加。

第 6 章

高管薪酬与企业绩效的相关性分析

6.1　引言

随着企业与治理机制的完善，高管作为一种人力资源要素在企业经营中的作用越来越重要。完善的薪酬激励机制是发展人才最有力的工具，实务界与理论界都认为，将高管利益与企业业绩相结合是缓解委托—代理问题的重要手段，所以业绩指标是企业高管薪酬契约中不可或缺的重要因素。最优契约理论认为，董事会代表股东利益，选聘高管并考核其绩效薪酬，董事会能够完全控制高管薪酬，并制定出符合股东利益最大化的最优薪酬契约。[266] 但实践有时与该理论相差甚远，特别是 2008 年的美国次贷危机引发了全球范围的金融震荡，金融及其周边产业相继遭遇重创，与企业业绩下滑甚至破产形成鲜明对比的是，高管薪酬水平非但没有显著下降，反而逆势攀升，而这种倒挂现象无论是在美国，还是在中国，都比比皆是。

本章试图从企业的内外部治理机制中寻找原因，解释该反常现象。在外部治理机制中，产品市场竞争因素被认为是影响业绩与薪酬相关性的重要因素。产品市场竞争作为企业的外部治理机制，能降低股东与管理层之间的信息不对称，促进股东对管理层的监督与制约，防止管理层滥用手中权力降低业绩与薪酬的相关性。同时，在激烈的市场竞争条件下，薪酬机制的公平性得到提高，有利于激励高管更好地为企业争取利益，提高企业绩效。早在 1983 年，Hart 就通过模型推导出竞争对委托—代理问题的影响，证明竞争越激烈，管理者投入的努力越大，代理成本就越低。[13] Aghion 等（1999）[267] 的研究也证明了产品市场竞争程度越激烈，经理报酬激励合约对企业绩效的促进效果就越明显。因此本书利用我国上市公司的数据，试图说明在我国特殊的经济背景下，逐步引入的产品市场竞争机制对于企业来说是否是有效的外部治理机制，企业所面临的市场竞争环境对管理层滥用权力降低业绩与薪酬相关性的自利行为是否具有一定的约束作用。在进一步的分析中，我们还考虑了不同企业性质的影响，分别考察国有企业和非国有企业中市场竞争对高管薪酬业绩敏感性影响的程度差别，并深入分析造成这种差别的原因。

在内部治理机制中，管理层权力理论为解释这种高管薪酬与业绩的倒挂现象提供了可能性。管理层权力理论认为，高管会利用拥有的权力降低业绩与薪酬的相关性，制定出利己的薪酬契约，这时薪酬契约不仅无法解决代理问题，反而会成为代理问题的一部分。因此，我国上市公司高管是否会利用管理层权力来降低业绩与薪酬的相关性，进而谋求私利，就是需要我们讨论的现实问题。国外对高管薪酬的研究起步较早，也有众多以企业为样本的实证研究，但由于经济体制的不同，其研究结论不一定适用于我国企业。近年来，国内学者也开始关注管理者权力与高管薪酬的关系。吕长江（2008）[64]的研究表明，公司治理机制会对高管薪酬产生影响，而管理层权力就是其中一个重要因素。此后，众多国内学者的相关研究也都证明了上述观点（卢锐，2007；龙娟，2011，赵纯祥，2013）[247][140][139]，但关于管理层权力对业绩与薪酬相关性影响的研究还比较少见。基于我国企业内外部治理机制相对不够完善的背景，本书一方面从外部治理机制入手，研究市场竞争对高管薪酬业绩敏感性的影响，另一方面从内部治理机制入手，研究管理层权力对高管薪酬业绩敏感性的影响。我们以 2007 年至 2014 年我国上市企业为样本，采用系统 GMM 估计方法进行实证分析。

6.2 理论分析与研究假设

依据最优契约理论，薪酬契约的设定可以将管理者薪酬与股东利益联系起来，进而有效解决代理问题。Murphy（1985）[55]提出，高管在企业中的工作努力度决定了企业业绩，而理想的薪酬契约是激励高管努力工作的动力。竞争是市场经济的重要特征，市场竞争环境一直被认为是提高企业经营效率的有效途径。随着委托—代理问题研究的深入，越来越多的学者认为，产品市场竞争作为企业的外部治理机制是解决委托—代理问题的有力手段。Holmstrom（1982）[188]从信息比较理论出发，指出通过竞争有效传递了高管行为与经营绩效信息，降低了企业信息的不对称，提高了高管薪酬与企业业绩的相关性，使基于企业业绩的管理层薪酬契约机制更加有效。Jagannathan 和 Srilivasan（1999）[260]通过对国外上市公司的实证研究得出结论，产品市场竞争能促进管理者更为努力地工作，减少自利行为，降低代理成本，进而提高薪酬与业绩的相关性。

现阶段我国企业的发展面临着资本市场不健全、产权制度不明晰、法制监督不完善等诸多外部公司治理问题。随着我国市场经济制度的确立，市场竞争程度正逐步加强，市场竞争机制在我国企业的外部治理机制中正起到越来越重要的作用。林毅夫(1997)[8]认为，我国的市场竞争环境把经营者能力、行为与企业的经营绩效联系到一起，有利于对企业经理人实现更为准确的监督和评价。刘凤委等（2007）[268]从制度环境理论出发，指出产品市场竞争作为一种制度可以激励管理者在行为上更加努力，公司被清算、经营者被解聘的概率也会相应提高，此时企业业绩对高管薪酬的激励作用也更为有效。谭庆美（2014）[30]的实证研究也表明，市场竞争能有效抑制我国企业中管理层权力的过度膨胀和管理层滥用权力寻租的行为。上述分析说明，市场竞争作为企业的外部治理机制，能替代股东对管理层进行有效监督与制约，进而减少管理层为谋求私利降低业绩与薪酬相关性的可能。提高高管薪酬契约的客观性，能有效激励高管提高工作努力度，更好地创造企业价值。根据以上分析，本书提出假设 H1。

H1：在其他条件既定的情况下，市场竞争能够增强高管薪酬业绩敏感性。

本书依照终极控制人的产权性质将企业分为国有企业和非国有企业进行分析。我国特殊的制度背景导致国有企业和非国有企业面临不同程度的政府干预，高管薪酬契约的形成基础也不尽相同，从而导致不同性质企业的高管薪酬业绩敏感性也存在差异。La Porta 等（2000）[269]对国外上市公司进行研究时提出，不同产权性质的终极控制人由于追求的利益动机不同，股利薪酬政策对高管行为的激励效果是不同的。刘星（2012）[246]认为，相比于非国有企业而言，国有企业存在着更为严重的“所有者缺位”问题，该情况可能导致管理层权力凌驾于公司的治理机制之上，进而操控高管薪酬的制定。此外，易林（2013）[270]认为，国有企业预算软约束的特点使国有企业破产的可能性极小，国有企业特殊的任用制度使得高管优胜劣汰的竞争压力极小，这都助长管理层在薪酬契约中为自己谋求更多有利因素，进而降低业绩与薪酬的相关性。吴作凤（2014）[271]的研究指出，相对于非国有企业，国有企业的产权界定模糊，国有股的“所有者缺位”问题严重，两职合一的现状更使公司的内部监督体系缺乏效率，薪酬契约的制定过程就有可能成为管理层攫取私利的渠道，而企业业绩等客观因素会对管理层的私利造成损失，所以其对高管薪酬的影响程度会更低。因此本书认为，相比于非国有企业而言，国有企业的产权问题更可能使得管理层权力凌驾于公司的治理机制之上，导致高管利用手中权力在薪酬契约的制定中攫取私利，而国有企业受到过多的政府干预也影响了高管薪酬业绩敏感性。根据以上分析，本书提出假设 H2。

H2：相对于国有企业，企业业绩对高管薪酬的影响在非国有企业中更为显著，且市场竞争对其的调节作用也更为显著。

管理者权力理论认为，在公司治理机制不够完善的情况下管理者的权力过大会导致董事会的权力较弱，无法对高管行为形成有效约束，就会导致其在高管薪酬的制定上为自己谋求私利。Bebchuk 等（2002）[116]指出，董事作为股东的代理人是企业主要的内部控制机制，一旦管理者的权力过大凌驾于董事会之上，管理者就有能力利用权力影响自身薪酬。Morse 等（2011）[237]的实证研究结果也表明，当董事会相对于管理层权力较弱时，管理层有能力操控薪酬契约，因此企业业绩等不利因素在高管薪酬中的影响就越小。

现今我国的经济处于体制转型过程中，内部的企业治理机制还处于不断完善的过程中，管理层权力理论对我国高管薪酬的解释拥有一定的现实基础。企业董事会监督机制建设的滞后使管理层利用自身权力在薪酬制定中谋求私利成为可能，导致公司业绩下降而高管薪酬并不降低甚至不降反增的现象屡屡出现。卢锐(2007)[247]的研究指出，相对于其他企业，在管理层权力较大的企业中，高管与全体员工的薪酬差距都更大，但企业业绩并没有更好，从而说明管理层权力会降低薪酬的业绩激励效果。傅颀(2013)[272]选取 2007—2011 年 A 股非金融类上市公司为研究样本，通过实证分析得出结论：管理层权力的增大抑制并削弱了高管薪酬契约的有效性，表现为高管薪酬越高但企业业绩未必更好，即高管薪酬业绩敏感性下降。上述分析说明，在我国企业内部治理机制相对不够完善的背景下，管理者权力的膨胀导致其在高管薪酬契约的制定中有能力谋求更多有利因素，从而降低企业业绩等不利因素对高管薪酬的影响。基于以上分析，本书提出假设 H3。

H3：在其他条件既定的情况下，管理层权力的扩张对企业业绩薪酬敏感性有抑制作用。

6.3 研究设计

6.3.1 研究样本的选取

由于本书第 4 章与第 5 章的样本区间为 2007 年至 2014 年，为了保证各章的一致性，本章依旧选取 2007 年至 2014 年中国 A

股上市公司为样本来探究自 2007 年新会计准则开始实施后，企业高管薪酬的变化以及管理层权力与企业绩效的关系。在得到初始样本后，我们对其进行了如下筛选：

（1）剔除了数据缺失，以及含有异常值的样本企业。

（2）剔除了 2014 年新上市的企业，因为新上市的企业在上市初期企业规模与融资结构变化较大，会影响结论的准确性。

（3）剔除了 ST、PT 类样本企业，因为此类企业已出现企业财务表现异常，会导致统计结果的偏差。

为了保证研究结果的稳健性，我们在 5% 水平对公司层面的财务数据进行缩尾（winsorize）处理。最终选取的全样本数为 1349 家。本章依然根据最终控制人性质将样本企业分为国有企业和非国有企业两类，其中国有企业样本占 821 个，非国有企业样本数量为 528 个。

6.3.2　研究变量的选取

（1）因变量与自变量

高管薪酬：为上市公司披露的薪酬最高的前三位高管薪酬总额的自然对数（Pay）。

企业绩效：企业绩效使用净资产收益率（ROA）来衡量。

产品市场竞争强度：依旧选取赫芬达尔指数（HHI）进行测算。当行业中企业竞争程度越高时，赫芬达尔指数（HHI）越低。

管理层权力综合维度（Power0）的衡量为组织权力、声望权力、专家权力与股权分散度四个维度之和。分别选取总经理与董事长是否两职兼任（Power1），企业高管是否持有企业股票（Power2），企业管理层任期是否高于均值（Power3），及各股东间持股比例（Power4）进行研究并取之和。

（2）调节变量

调节变量的选取同第 4 章，为企业财务杠杆指标资产负债率。

（3）控制变量

控制变量的选取同第 4 章，为企业规模指标企业总资产的自然对数，以及企业成长性指标采用主营业务收入增长率衡量。各变量的具体含义见表 6－1。

表 6－1　　变量定义表

变量名称	变量符号	变量定义
因变量与自变量	Pay	薪酬最高的前三位高管其薪酬总额的自然对数
	ROA	企业绩效，资产收益率 净利润/（上期资产余额＋本期资产余额）/2
	Power0	管理层权力的综合指标，Power0 = Power1 + Power2 + Power3 + Power4（具体描述见第 4 章）
	HHI	企业主营业务收入占行业内整体主营业务收入比重的平方和
控制变量	Lev	财务杠杆＝资产负债率
	Size	企业规模＝企业总资产的自然对数
	Grow	企业成长性＝主营业务收入增长率

6.3.3　研究模型的建立

本章的研究假设 1 要检验的不同产品市场竞争强度下，高管薪酬与企业绩效的相关性变化，因此我们首先建立如下的回归模型 1 至模型 6：

模型 1：

$$Pay_{i,t} = \alpha_1 Lev_{i,t} + \alpha_2 Size_{i,t} + \alpha_3 Grow_{i,t} + \varepsilon_{i,t} \tag{1}$$

模型 2：

$$Pay_{i,t} = \alpha_1 ROA_{i,t} + \alpha_2 Lev_{i,t} + \alpha_3 Size_{i,t} + \alpha_4 Grow_{i,t} + \varepsilon_{i,t} \quad (2)$$

模型 3：

$$Pay_{i,t} = \alpha_1 ROA_{i,t} + \alpha_2 ROA_{i,t} \times HHI_{i,t} + \alpha_3 Lev_{i,t} + \alpha_4 Size_{i,t} + \alpha_5 Grow_{i,t} + \varepsilon_{i,t} \quad (3)$$

模型 4：

$$ROA_{i,t} = \alpha_1 Lev_{i,t} + \alpha_2 Size_{i,t} + \alpha_3 Grow_{i,t} + \varepsilon_{i,t} \quad (4)$$

模型 5：

$$ROA_{i,t} = \alpha_1 Pay_{i,t} + \alpha_2 Lev_{i,t} + \alpha_3 Size_{i,t} + \alpha_4 Grow_{i,t} + \varepsilon_{i,t} \quad (5)$$

模型 6：

$$ROA_{i,t} = \alpha_1 Pay_{i,t} + \alpha_2 Pay_{i,t} \times HHI_{i,t} + \alpha_3 Lev_{i,t} + \alpha_4 Size_{i,t} + \alpha_5 Grow_{i,t} + \varepsilon_{i,t} \quad (6)$$

在模型 1 至模型 6 中，我们重点关注的是交互项 ROA × HHI 和 Pay × HHI 的显著性和系数。如果交互项前的系数为负值，则随着市场竞争激烈程度的加剧，能有效提高高管薪酬业绩敏感性，减少管理层在薪酬契约制定中的自利行为，提高薪酬契约客观性，有益于企业价值的升高，假设 H1 将得到验证。

对于本章假设 H2 要验证的是相对于国有企业，高管薪酬业绩敏感性在非国有企业中是否更为显著，且市场竞争的调节作用是否也更为显著。为此，把样本数据按照实际控制人划分为国有和非国有两组分别进行检验，重点关注解释变量 ROA 和交互项 ROA × HHI 的显著性和系数，再对所得的实证结果进行比较分析。

对于研究假设 3 要验证的是在其他条件既定的情况下，管理层权力的扩张对企业业绩高管薪酬敏感性是否存在显著的抑制作用。为此，把样本数据按照企业管理层权力的相对大小程度划分为权力较强和权力较弱两组分别进行检验，对解释变量 ROA 和交互项 ROA × HHI 的显著性和系数在全样本、权力较强组和权力较弱组的差异进行比较分析。

6.4 实证分析

6.4.1 描述性统计

表6-2列示了1349家样本企业自2007年至2014年的产品市场竞争程度HHI的描述性统计。从表中可以看出，自2007年至2014年HHI的均值呈持续下降的趋势，由2007年的0.1382降至2014年的0.0867，8年内降低了37.26%。HHI越低，行业中企业的竞争程度越激烈，说明今年中，同行业产品市场竞争强度正在不断增长，企业竞争日益激烈。而中位数与均值之差均在0.02的范围之内，说明所选取样本的产品市场竞争的极端值对于研究结果的影响较小。其中，HHI的最大值与最小值均出现在2014年，分别为最小值0.0149和最大值0.6238，最大值为最小值的41.86倍，说明不同行业中企业的竞争程度两极化严重，差异较大。

表6-2　2007-2014年产品市场竞争描述性分析

年份	变量	样本数	均值	中位数	标准差	最小值	最大值
2007	HHI	1349	0.1382	0.1161	0.0895	0.0238	0.3895
2008	HHI	1349	0.1290	0.1050	0.0786	0.0212	0.3680
2009	HHI	1349	0.1229	0.0940	0.0772	0.0193	0.3422
2010	HHI	1349	0.1048	0.0789	0.0640	0.0205	0.3559
2011	HHI	1349	0.0943	0.0708	0.0571	0.0187	0.3544
2012	HHI	1349	0.0941	0.0737	0.0566	0.0163	0.3514
2013	HHI	1349	0.0895	0.0701	0.0564	0.0183	0.3525
2014	HHI	1349	0.0867	0.0628	0.0700	0.0149	0.6239

表 6－3 为本章被解释变量高管薪酬 Pay，解释变量净资产收益率 ROA，管理层权力综合指标 Power0，产品市场竞争程度 HHI，及各控制变量与调节变量自 2007 年至 2014 年的全样本描述性分析。从该表中可以看出，HHI 的中位数和均值分别为 0.0789 和 0.1075，较低的产品市场竞争指数意味着我国的产品市场竞争程度较高。管理层权力综合指标 Power0 最大值 4 为最小值的四倍，说明不同企业中管理层所获权力两极化严重，为我们研究管理层权力对高管薪酬绩效敏感性的影响提供了较好的条件。

表 6－3　　　　全样本描述性分析

变量	样本数量	均值	中位数	标准差	最小值	最大值
Pay	10792	12.8633	12.8507	1.1764	0.0000	17.6727
ROA	10792	0.0387	0.0301	0.3253	－16.1125	20.7876
Power0	10792	1.2904	1.0000	0.9766	0.0000	4.0000
HHI	10792	0.1075	0.0789	0.0720	0.0149	0.6239
Lev	10792	0.5937	0.5265	1.5280	－0.1947	96.9593
Size	10792	21.9215	21.7613	1.5885	0.0000	30.4491
Grow	10792	0.6318	0.0973	17.0382	－1.0000	1497.1560

6.4.2　相关性检验

表 6－4 是本章研究变量的皮尔逊相关系数表，用以检验变量间是否存在多重共线性问题，从皮尔逊相关系数检验结果可以得知高管薪酬 Pay 与企业绩效指标净资产收益率 ROA 显著正相关，这与本章预期一致。而高管薪酬与市场竞争的衡量指标在 1% 的水平下显著相关，这为市场竞争影响高管薪酬业绩敏感性

提供了初步证据。管理层权力综合指标与高管薪酬和企业业绩分别在1%水平上和5%水平上显著，这为管理层权力影响高管薪酬业绩敏感性提供了初步证据。本书所采用的控制变量均与高管薪酬之间存在显著相关关系，说明控制变量的选取是有效的。而各变量之间的相关系数均小于0.75，说明各变量之间不存在多重共线性问题，研究结果的准确性不会受其影响。

表6-4 变量的皮尔逊相关系数

	Pay	ROA	Power0	HHI	Lev	Size	Grow
Pay	1						
ROA	0.0198**	1					
Power0	0.1793***	0.0235**	1				
HHI	-0.1008***	0.0037*	-0.0717***	1			
Lev	-0.0381***	-0.2809***	-0.0216**	-0.0223*	1		
Size	0.4269***	-0.0066	0.0221**	0.0181*	-0.0773***	1	
Grow	-0.0264***	0.0091	-0.0168*	-0.0048	-0.0004	-0.0072	1

注：***、**和*分别表示在1%、5%和10%置信度水平下双边检验显著。

6.4.3 市场竞争、企业绩效与高管薪酬的回归分析

本章选取动态面板系统GMM的Arellano-Bond两步法，模型结果均通过abond与sargan检验。

本章主要研究的是不同产品市场竞争强度下企业业绩与高管薪酬间的相互关系将受到何种影响。表6-5的三个模型分别解释了控制变量与高管薪酬的关系，企业绩效与高管薪酬间的关系以及产品竞争强度对二者关系的影响，具体结果如下：

模型1的回归结果显示的是主要控制变量与企业高管薪酬之间的关系。企业的财政杠杆与高管薪酬显著负相关，这一实证结

表6-5　　市场竞争对企业绩效与高管薪酬关系影响的动态面板回归估计结果（1）

变量	模型1	模型2	模型3
ROA		0.01325** (2.65)	0.0067* (1.25)
ROA×HHI			-0.9783*** (-2.25)
Lev	-0.0323* (-1.73)	-0.0301* (-2.40)	-0.0333** (-1.48)
Size	0.7731*** (8.97)	0.7709*** (8.87)	0.7682*** (8.81)
Grow	0.0013*** (1.31)	0.0001*** (3.12)	0.0059* (1.15)
SARGAN (P值)	24.474 (0.1908)	24.6008 (0.1806)	23.3773 (0.2006)
AR（2） (P值)	0.2508 (0.8020)	0.2505 (0.8022)	0.3474 (0.7283)

注：2007年至2014年1349个样本企业解释变量，被解释变量和控制变量所有数据。

因变量：Pay=薪酬最高的前三位高管其薪酬总额的自然对数。解释变量：ROA=净资产收益率；控制变量：Lev=资产负债率；Size=企业规模；Grow=企业成长性。

***、**和*分别表示在1%、5%和10%置信度水平下双边检验显著。

果与企业负债率越高、高管薪酬的发放会受到更多限制的利益相关者理论一致。企业规模与高管薪酬显著正相关，大多数现有的研究支持规模是影响高管薪酬的重要因素，这一实证结果与现有研究相符。企业成长性与高管薪酬显著正相关，说明我国企业中已经建立起与业绩相挂钩的高管激励机制，薪酬与业绩之间的敏感性正逐步增强。

模型2在模型1的基础上引入了作为解释变量的企业绩效，各控制变量与高管薪酬的关系没有发生实质性变化。回归结果显示，企业绩效与高管薪酬在5%的水平上显著正相关，说明企业业绩的增长对高管薪酬的提高有促进作用。模型3在模型2的基础上引入了交互项（企业业绩和市场竞争程度的乘积），各控制变量与高管薪酬的关系没有发生实质性变化，回归结果显示，交互项与高管薪酬显著负相关，说明了市场竞争程度的提高（HHI的降低）有利于加强股东对高管行为的监督与制约，减少管理层在薪酬契约中的自利行为，增强企业业绩等客观因素对高管薪酬的影响，进而提高高管薪酬业绩敏感性。本章提出的假设H1得到支持。

表6-6的三个模型分别解释了控制变量与企业绩效的关系，高管薪酬与企业绩效的关系以及产品竞争强度对二者关系的影响，回归结果显示，交互项PAY×HHI与企业绩效（ROA）显著负相关，说明了市场竞争程度的提高（HHI的降低）有利于高管薪酬契约公平性的提高，进一步激励高管努力工作，提高企业绩效，进而提高高管薪酬业绩敏感性。本章提出的假设H1进一步得到支持。

表6-6　市场竞争对企业绩效与高管薪酬关系影响的动态面板回归估计结果（2）

变量	模型4	模型5	模型6
PAY		0.0039* (1.56)	0.00332* (1.83)
PAY×HHI			-0.0125** (-2.09)

续表

变量	模型 4	模型 5	模型 6
Lev	-0.2945 *** (-38.21)	-0.2029 *** (-39.68)	-0.2039 *** (-40.24)
Size	-0.0553 *** (-5.17)	-0.0323 *** (-7.69)	-0.0330 *** (-7.66)
Grow	0.0029 * (1.57)	0.0002 (1.33)	0.0020 (1.49)
SARGAN (P 值)	25.9493 (0.1009)	25.1445 (0.1960)	27.7708 (0.1149)
AR (2) (P 值)	1.0404 (0.2982)	-1.0420 (0.2974)	-1.0382 (0.2992)

注：***、** 和 * 分别表示在 1%、5% 和 10% 置信度水平下双边检验显著。

6.4.4　企业性质、企业绩效与高管薪酬的回归分析

在我国特殊的制度环境下，国有企业中国有股份的“所有者缺位”问题削弱了企业的内部控制机制，从而使管理者行为得不到有效的监督和制衡，因此相对于非国有企业，国有企业的“内部人控制”问题更为严重。

表 6-7 中将样本划分为国有和非国有两组分别进行检验。从解释变量企业业绩的回归结果看，其对国有与非国有企业的高管薪酬都存在显著的正相关关系，这与上文全样本的回归检验结果一致。进一步对比分组回归结果，与国有企业相比，企业业绩对非国有企业高管薪酬的影响更加显著，这一实证结果说明，相比于非国有企业而言，国有企业的产权问题更可能使得管理层权力凌驾于公司的治理机制之上，导致高管利用手中权力在薪酬契约中消除企业业绩等不利因素的影响，加之国有企业更多地受到

政府干预因素的影响，也降低了高管薪酬营业业绩的敏感性。从交互项解释变量的检测结果分析，市场竞争对企业业绩与高管薪酬间正相关关系的促进效应在国有企业和非国有企业中都存在。进一步对比发现，与国有企业相比，在非国有企业中市场竞争的这种促进作用更加显著，可能的原因是与国有企业受到的较强的政府管制相比，外部的市场竞争治理机制在非国有企业中更为有效，因此本书提出的假设 H2 得到支持。

表 6－7　动态面板的回归估计结果：国有企业与非国有企业对比

变量	全样本	国有企业	非国有企业
ROA	0.0067 * (1.25)	0.0093 ** (4.17)	8.0907 ** (2.15)
ROA × HHI	－0.9783 *** (－2.25)	－1.2758 * (－1.70)	－1.599 ** (－2.15)
Lev	－0.0333 ** (－1.48)	－0.0025 ** (－0.71)	－0.0030 ** (－2.01)
Size	0.7682 *** (8.81)	0.2569 *** (5.81)	5.0809 *** (5.53)
Grow	0.0059 * (1.15)	0.0016 ** (2.43)	0.0064 ** (2.11)
SARGAN (P 值)	23.3773 0.2006	20.2373 0.1182	10.0480 0.2135
AR (2) (P 值)	0.3474 0.7283	0.6626 0.5076	4.3406 0.1447

注：***、** 和 * 分别表示在 1%、5% 和 10% 置信度水平下双边检验显著。

6.4.5　管理层权力、企业绩效与高管薪酬的回归分析

管理者权力理论认为，在公司治理机制不够完善的情况下，

管理者的权力过大会导致其在高管薪酬的制定上为自己谋求私利，一旦管理者的权力凌驾于董事会之上，就意味着管理者有能力利用权力降低企业业绩等不利因素对薪酬契约的影响程度。

表6-8将样本划分为管理者权力较高和较低两组分别进行检验。从解释变量企业业绩的回归结果看，其对管理者权力较高与较低组的高管薪酬都存在显著的正相关关系，这与上文全样本的回归检验结果一致。进一步对比分组回归结果发现，与管理者权力较高组相比，在较低组中企业业绩对管理者高管薪酬的影响更加显著。这一实证结果说明，管理层权力过大，使企业董事会监督机制失效，管理层利用自身权力在薪酬制定中谋求私利，导致公司业绩下降而高管薪酬并不降低甚至不降反增的反常现象，也造成了高管薪酬业绩敏感性下降，因此，本章提出的假设H3得到支持。从交互项解释变量的检测结果分析，市场竞争对企业业绩与高管薪酬间正相关关系的促进效应在管理者权力较高与较低组中都存在。进一步对比发现，与管理者权力较高组相比，在较低组中市场竞争的这种促进作用更加明显，即外部的市场竞争治理机制在管理者权力较低组中更为有效，可能的原因是管理层权力的膨胀削弱了企业的内部治理机制的功用，进而抑制了市场竞争对高管薪酬业绩敏感性的促进作用。

表6-8　管理层权力大小对企业绩效与高管薪酬关系影响动态面板回归估计结果

变量	全样本	权力高组	权力低组
ROA	0.0067*	4.5740**	5.5640***
	(1.25)	(2.40)	(2.64)
ROA×HHI	-0.9783***	-0.0967**	-1.1234***
	(-2.25)	(-2.13)	(-3.50)

续表

变量	全样本	权力高组	权力低组
Lev	-0..333 **	-0.0022 **	-0.0906 *
	(-1.48)	(-2.26)	(-1.65)
Size	0.7682 ***	0.1827 **	0.6451 ***
	(8.81)	(2.07)	(9.52)
Grow	0.0059 *	0.0027 **	0.0000 ***
	(1.15)	(2.63)	(2.18)
SARGAN	23.3773	18.7734	19.8153
(P 值)	0.2006	0.2852	0.2150
AR (2)	0.3474	0.7279	0.6478
(P 值)	0.7283	0.4064	0.5171

注：***、** 和 * 分别表示在 1%、5% 和 10% 置信度水平下双边检验显著。

为了保证本章关于市场竞争、管理层权力对高管薪酬业绩敏感性影响的检验结果的稳健性，对被解释变量高管薪酬进行指标替换，用薪酬最高的前十位高管其薪酬总额的自然对数取代前文使用的薪酬最高的前三位高管重做上述检验，发现各解释变量的系数和显著性并未发生任何本质性改变。然后对于解释变量市场竞争程度，用行业内总体企业数目的倒数取代前文使用的 HHI 指标重做上述检验，本章的主要研究结果也未发生实质性变化。以上稳健性检验表明，通过实证分析得到的研究结论是稳定的，具有普遍意义。

6.5 本章小结

本章从企业内外部治理机制入手，研究其对高管薪酬业绩敏感性的影响，一方面从外部治理机制入手研究市场竞争对高管薪酬业绩敏感性的影响，另一方面从内部治理机制入手研究管理层权力对高管薪酬业绩敏感性的影响。通过采用系统 GMM 估计方法，对 2007 年至 2014 年我国上市企业的样本进行实证分析，得出以下的研究结论：对我国企业来说，产品市场竞争已逐渐发展为一种有效的外部治理机制，从而替代股东对管理层行为进行有效的监督与制约，减少管理层利用权力影响高管薪酬的可能，提高企业业绩等客观因素在高管薪酬制定中的影响，因而促进薪酬合理性与公平性，激励企业高管努力工作，争取股东权益最大化，有益于企业利润率与企业绩效的提高；国有企业中存在的"所有者缺位"问题，可能导致企业业绩对高管的影响力在非国有企业中比在国有企业中更为显著，而对于不同产权性质的企业，市场竞争对高管薪酬业绩敏感性所造成的影响程度也是不同的；管理者权力的膨胀可能导致其凌驾于董事会之上，造成企业内部治理机制不能有效约束与监督高管的行为，导致管理层在高管薪酬契约的制定中谋求私利，减少企业绩效客观因素的影响。在我国企业内外部治理机制相对不够完善的背景下，企业管理层的行为往往得不到有效监督与约束，薪酬契约的有效性因高管操控自身薪酬进行寻租的行为受到挑战，导致企业业绩等对高管自身利益有所损害的客观因素对薪酬契约影响力的减少，从而增加企业的薪酬成本。因此，提高企业内部监管，保证薪酬契约的公平性与客观性是维护股东权益、降低薪酬成本的重要手段。

第7章 研究结论与对策建议

7.1 研究结论

在我国由计划经济转向市场经济即将完成的背景下，市场化的发展带给了我国企业更多机遇的同时，也使各行各业处于更激烈的竞争环境下。中国正处于市场经济转型与提升的阶段中，不同产权性质的企业治理机制并不完善。企业中管理层权力过大，导致企业管理层的寻租问题的产生，伴随着企业监管机制的漏洞，特别是国有企业“所有者缺位”问题，进一步加重了我国企业中的委托—代理问题。企业高管薪酬激励机制的缺陷，导致企业高管往往在企业绩效下滑期仍然获得奇高的薪酬，企业亏损时期高管薪酬的不降反升也是我国企业治理机制问题的突出表现，此类表现特别体现在国有企业中。企业的最终目的是企业股东利益最大化，促进企业利润率与企业绩效是经营者们应该努力的目标，这就需要进一步完善我国企业治理机制，约束管理层行为与权力，建立合理的高管薪酬激励机制，以提高企业的竞争力，促进企业发展。而在企业内部治理的同时，产品市场竞争作为企业外部环境对企业内部结构与经济结构产生的效用不可忽视。但是，国内文献较少从产品市场竞争的角度探讨管理层权力、高管薪酬与企业治理绩效问题。本书认为，产品市场竞争可以对管理层权力膨胀所产生的负面影响予以抑制，提高高管薪酬的合理性，促进企业绩效的发展与企业的进步。通过规范和实证相结合的研究方法，本书首先对产品市场竞争的根源进行了深入的理论分析，建立起产品市场竞争的研究指标，在此基础上选取我国 A 股上市公司为样本，检验了市场竞争程度作为外部因素，对高管权力、薪酬契约与企业绩效关系的调节效用，证明了市场竞争在企业治理中的约束与激励作用，同时检验了管理层权力对于高管薪酬与高管薪酬企业业绩敏感性的影响，并对比了不同产权性质下国有企业与民营企业中上述关系的差异性。本书的主要结论如下：

第一，市场竞争程度差异化对我国企业高管权力与高管薪酬的关系存在重要影响力：（1）我国企业高管获得的权力过大时，更容易产生寻租行为，在高管薪酬契约的制定中谋取私利，影响薪酬契约，过度提高薪酬额度。（2）市场竞争可以作为企业的外部治理机制，替代股东与董事会角色，加强对企业管理层的约束，降低了管理层利用权力影响薪酬契约的自利行为。（3）与民营企业对比，由于国有企业缺乏实际企业所有者的监督，国有企业高管的管理层权力对高管薪酬的影响在国有企业中更为显著。

第二，不同的产品市场竞争环境、管理层权力是带来企业绩效差异化的重要影响因素：（1）我国企业高管权力的适度扩张对企业的绩效与价值有促进作用。（2）在激烈的竞争市场环境下，管理层受到更多的制约与激励，降低高管滥用权力损害企业价值的可能，提高了企业管理层工作努力度，促使企业绩效与价值的进一步提升。（3）由于国有企业缺少董事会与股东的实际监管与约束，管理层更容易出现工作懈怠、谋取私利的行为，因此管理层权力的增加对于企业绩效的积极效应在非国有企业中更为显著。

第三，高管薪酬业绩敏感性受到产品市场竞争、管理层权力的影响：（1）市场经济的进步推进了市场竞争的发展，市场竞争能够有效激励与约束管理者，降低高管权力对薪酬契约的影响力，提高企业业绩对薪酬契约的影响力。而有效的薪酬契约可以激励管理层为企业争取最大收益，促进企业绩效的发展、提高高管薪酬业绩敏感性。（2）由于企业产权性质的不同，国有企业高管受到政府决策干预，且在缺乏股东监督的环境下更有可能利用其权力凌驾于企业治理机制之上，减少企业业绩等客观因素对于薪酬契约的影响力，因此，企业业绩对于高管薪酬的影响在非国有企业更为显著，市场竞争对民营企业的高管薪酬业绩敏感性的影响也更为明显。（3）管理者权力过度膨胀会降低董事会对高管监管的有效性，导致企业收益下降时高管薪酬反向增高的现象，降低了高管契约的公平性。

7.2 对策建议

我国正处于经济转轨的特殊时期，但企业内外部治理机制相对不够完善。在这种背景下，如果企业管理层被赋予的权力不足，则不能够有效地进行企业战略的决策与实施，进而损害企业价值。但管理层权力的过度膨胀，使管理层的权力超越董事会，在缺乏有效的监督与约束机制下，提供给企业高管利用权力进行寻租，影响甚至操控自身薪酬的机会。为保证管理层权力得到有效约束与制衡，保障薪酬契约的有效性，以企业业绩等客观因素为制定基础，本书认为应从以下几点作出改进。

第一，发展市场经济的进步与市场化发展。理论推导和实证结果显示，产品市场竞争可以替代企业治理机制，扮演董事会与股东的角色，实施对高管的监督与制约，减少企业高管因权力膨胀而产生的寻租行为和自利行为，从而优化企业薪酬机制，提高企业绩效。因此，加快我国市场化进程，给企业提供充分竞争的市场环境是促进企业发展的有效助力。行业垄断和地方保护主义是阻碍市场自由竞争与市场化发展的重要障碍，因此各地政府应减少干预，提倡公平竞争的原则，积极完善产权制度、法律法规，及时修订反垄断法、反不正当竞争法等外部治理机制，破除我国行业的垄断，减少地方保护主义，创造有效的竞争性市场环境以约束管理者，减少其在企业中的寻租行为。同时，要加强国家对于行业中垄断企业的惩治力度，展开反垄断审查，积极推进我国资本市场与交易市场的自由竞争与优胜劣汰。还要推进信息透明度与资源配置的改革，完善上市公司对高管薪酬的披露制度，发挥公众的监督力量。要健全职业经理人的市场竞争机制，实现高管选拔制度的优胜劣汰，利用市场竞争的压力提高薪酬契约的有效性。

第二，加强董事会的监管与治理机制。本书研究表明，管理层权力的扩张能够激励管理者更好地为企业服务，因此企业高管应当被赋予适当的权力为企业创造更高的效益。但是管理者结构权力的过度膨胀来源于董事会的“沦陷”。董事会沦为管理者的

“橡皮图章”时，管理者自然能在企业决策与资源利用上获得额外的权力与利益。董事会的决策和监督职能的正常发挥对于企业内部治理的有效性至关重要。董事会的正常监督职能有利于约束高管在企业中的权力，降低管理层寻租行为和高管薪酬制度的不合理。因此董事会的职能必须充分实施，要降低企业中管理者对于董事会的控制力，要控制管理者在董事会人员任职方面的话语权，提高在企业重大决策中企业董事会的决策权，以制衡管理者权力的扩张，保证企业决策的有效性。同时，强化专业委员会的内部机制，这就为董事会的决策提供了保障。另外，进一步披露董事与管理者的关系，避免企业“利益冲突”。

第三，加快国有企业的改革与独立性。由于特殊的产权性质与企业背景，国有企业的经济决策仍然受到政府的干预与影响。这些决策与企业追求利润最大化的目标有时并不一致。我国实行以公有制为主体的市场经济，但是国有企业在我国市场经济发展中扮演着举足轻重的角色，具有巨大影响力，想要进一步推进中国市场经济发展水平，加强企业治理结构合理化，就需要促进国有企业的独立性，摆脱政府行政附属物的地位。只有国有企业真正做到摆脱政府干预，高管选拔优胜劣汰，高管薪酬机制与企业绩效挂钩，在市场竞争中优胜劣汰，才能有效地发挥市场竞争对于国有企业的治理效用。

第四，完善对管理者权力寻租行为制约的法律法规。对于管理层在企业中谋取私利，危害企业所有者利益的行为，我国目前有相应的法规对其进行约束。《公司法》规定，当企业高管的行为违反了法规或公司章程，损害了企业利益时，企业管理者应该承担相应的责任，并对其进行赔偿。但是，这些法规中对于具体的操作性规定没有明确的规定，加大了企业所有者在起诉维权中的难度。因此，本书建议，进一步完善管理者违规行为对企业造成的损失所承担责任和赔偿额度，加强具体惩罚机制的制定，完善高管违规行为惩戒法律法规体系。这可以降低由与企业所有者与企业高管间信息不对称而产生的寻租行为，对管理者在企业中的谋取私利行为起到震慑作用，保证了企业经营决策的有效性。

第五，构建有效的薪酬契约，有效利用企业业绩作为设定薪酬契约的标尺，加强企业内部股权激励机制的发展，企业管理者持股比例的增加有助于企业高管与企业所有者利益一致化。企业中高效的薪酬激励机制的建立，有利于促使管理层执行促进企业业绩的决策，有助于企业的持续发展。

7.3　研究不足与后续研究展望

7.3.1　研究不足

本书研究的不足之处主要在于：

第一，高管薪酬其他激励形式信息获取的客观限制。本书对于高管薪酬的变量衡量选取了薪酬最高的前三位高管其薪酬总额的自然对数作为指标。笔者在收集本指标的时候没有将高管的在职消费、实物福利、高管晋升与高管声誉等其他激励形式包含在内。虽然中国上市公司中高管在职消费与实物福利的获取是我国高管激励机制的重要组成部分，但是由于此类信息并未在我国上市公司信息中详细披露，信息具有滞后性与准确性，因此难以作为高管薪酬的衡量指标。随着我国信息披露制度的不断完善与企业竞争机制的发展，希望高管的在职消费、晋升等激励信息也能进一步披露完善，以便笔者更全面地对高管薪酬进行测量与研究。

第二，数据披露不完全。本书仅仅选取中国 A 股市场 2007 年至 2014 年的上市公司作为研究样本。笔者将进一步进行稳健性检验，以证实结论的准确性与可靠性。

第三，研究中指标选取的准确性。对于企业绩效的度量，特别是产品市场竞争的激烈程度，不同文献中有不同的衡量指标，学术界并没有对于具体用哪一种指标达成共识。本书选取 ROA 指标衡量企业绩效，选取 HHI 作为市场竞争程度的衡量指标，这些都是众多指标中的一种。进一步研究中，是否在本书的基础上探究新的度量指标进行验证，是笔者下一步需要考证和研究的内容。

第四，对于非上市企业的可应用性有待考证。本书根据历年上市公司的数据，基于前人的理论基础，建立了统计模型，得出了相关企业治理的结论。但是本研究是基于我国上市公司数据而得到的结论，未上市的企业也是影响我国市场化发展与经济发展的重要组成部分。未上市公司的治理方式、治理结构、市场竞争对其的影响也需要时间来收集相关数据，研究和探索。因此，本书结论是否可以适用于未上市的企业仍需要验证与实践。

7.3.2 后续研究展望

本书虽然从市场竞争的视角对管理层权力、高管薪酬与企业绩效之间的关系作了比较系统的研究，但是这些研究只是冰山一角，依然停留在问题的表面，关于它们的研究需要继续深入探究。这是因为企业治理的内容十分宽广，企业治理机制复杂；再者，衡量各研究变量的指标太多，本书选取的指标难免只侧重某些方面，并不能完全衡量准确。因此，今后应该更加深入地进行研究，主要内容如下：

第一，选择多个指标对企业绩效、高管薪酬与市场竞争程度进行衡量，增加选取指标的有效性与准确性，提高实证研究结果的科学性。

第二，对于高管薪酬的衡量，将实物福利与在职消费以及晋升、声誉等各因素也包含在测量薪酬数量的方法内，而不仅仅从实际获得的薪酬和股票期权等角度来衡量高管薪酬的高低。

第三，更全面、创新地考量管理层权力，完善地选取管理层权力的衡量指标，保证实证研究的有效性。

第四，在研究产品市场竞争的调节效应时，可以将样本企业根据不同的行业进行分类，以此研究不同行业内不同垄断程度下管理层权力、高管薪酬与企业绩效的相互影响。

第五，在保证本书研究思路的基础上，扩大研究样本，将 ST 与 PT 公司也包含在研究范围内，对比 ST、PT 公司与正常经营公司的回归结果差异，从而深化本书的研究结论。

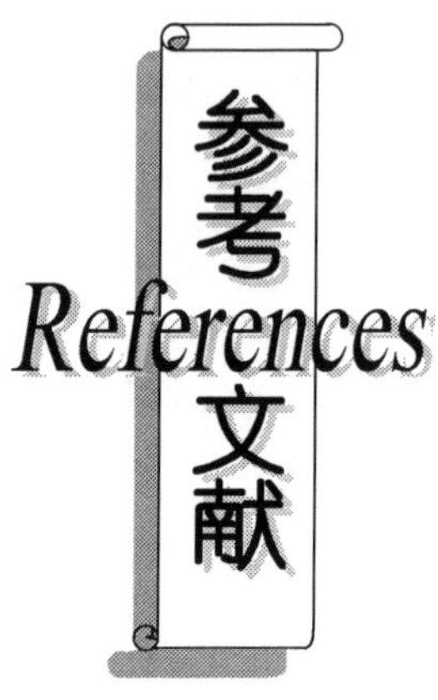

［1］ PFEFFER J. Power in organizations［M］. Marshfield, MA: Pitman Publishing, 1981.

［2］ DAHL R A. The concept of power［J］. Behavioral science, 1957 (2): 201 -215.

［3］ SALANCIK G R, PFEFFER J. Who gets power and how they hold onto it: a strategic - contingency model of power［J］. Organizational dynamics, 1977, 5 (3): 3 -21.

［4］ HAMBRICK D C, FINKELSTEIN S. Managerial discretion: A bridge between polar views of organizational outcomes［J］. Research in organizational behavior, 1987 (9): 369 -406.

［5］ CHILD J. Organizational structure, environment and performance: the role of strategic choice［J］. Sociology, 1972, 6 (1): 1 -22.

［6］ MINTZBERG H. Power in and around organizations［M］.

Englewood Cliffs, NJ: Prentice Hall, 1983.

[7] PFEFFER J, SALANCIK G R. The external control of organizations: a resource dependence perspective [J]. Social science electronic publishing, 2003, 23 (2): 123 - 133.

[8] MARCH J G, GUETZKOW H, SIMON H. Organizations [M]. New York: John Wiley & Sons, 1958.

[9] HICKSON D J, HININGS C R, LEE C A, et al. A strategic contingencies' theory of intra - organizational power [J]. Administrative science quarterly, 1971, 16 (2): 216 - 229.

[10] WERNERFELT B. A resource - based view of the firm [J]. Strategic management journal, 1984, 5 (2): 171 - 180.

[11] MCCLELLAND D C. Power: the inner experience [J]. American journal of sociology, 1975.

[12] HOLMSTROM B. Moral hazard in teams [J]. Bell journal of economics, 1982 (13): 324 - 340.

[13] HART O. The market mechanism as an incentive scheme [J]. Bell journal of economics, 1983 (14) : 366 - 382.

[14] NALEBUFF B J, STIGLITZ J E. Information, competition and markets [J]. American economic review, 1983, 73 (2): 278 - 283.

[15] WILLIG R D. Corporate governance and market structure [M]. Economic policy in theory and practice, 1987.

[16] HERMALIN B. The effects of competition on executive behavior [J]. Rand journal of economics, 1992 (23) : 350 - 365.

[17] SCHMIDT K. Managerial incentives and product market competition [J]. Review of economic studies, 1997 (64) : 191 - 213.

[18] SCHARFSTEIN D. Product - Market competition and man-

agerial slack, Rand journal of economics [J]. 1988 (19): 147 - 155.

[19] YERMACK D. Higher market valuation of companies with a small board of directors [J]. Journal of financial economics, 1996, 40 (2): 185 -211.

[20] GOMPERS P, ISHII J, METRICK A. Corporate governance and equity prices [J]. The quarterly journal of economics, 2003, 118 (1): 107 -156.

[21] CREMERS K J M, NAIR V B. Governance mechanisms and equity prices [J]. The Journal of finance, 2005 (60): 2859 - 2894.

[22] CORE J E, GUAY W R, RUSTICUS T O. Does weak governance cause weak stock returns? An examination of firm operating performance and investors' expectations [J]. The journal of finance, 2006, 61 (2): 655 -687.

[23] CHHAOCHHARIA V, GRINSTEIN Y. Corporate governance and firm value: the impact of the 2002 governance rules [J]. The journal of finance, 2007, 62 (4): 1789 -1825.

[24] GIROUD X, MUELLER H M. Corporate governance, product market competition, and equity prices [J]. The journal of finance, 2011, 66 (2): 563 -600.

[25] CHHAOCHHARIA V, GRULLON G, GRINSTEIN Y, et al. Product market competition and agency conflicts: evidence from the Sarbanes Oxley Law [D]. Johnson School research paper series, 2009.

[26] CREMERS K J M, NAIR V B, PEYER U. Takeover defenses and competition: the role of stakeholders [J]. Journal of em-

pirical legal studies, 2008, 5 (4): 791 - 818.

[27] KRUEGER A B. The economics of real superstars: the market for rock concerts in the material world [J]. Journal of economics, 2005, 23 (1): 1 - 30.

[28] LAZEAR E P, OYER P. Personnel economics [R]. National bureau of economic research, 2007.

[29] FINKELSTEIN S. Power in top management teams: dimensions, measurement, and validation [J]. Academy of management journal, 1992, 35 (3): 505 - 538.

[30] 谭庆美，魏东一．管理层权力与企业价值：基于产品市场竞争的视角 [J]. 管理科学，2014，27 (3)：1 - 12.

[31] SIMON H A. Administrative behavior: A study of decision - making processes in administrative organization [M]. New York: MacMillan, 1957.

[32] EMERSON R M. Power - dependence relations [J]. American sociological review, 1962: 31 - 41.

[33] WEBER M. The theory of social and economic organization [M]. New York: Free Press, 1947.

[34] FRENCH J, RAVEN B. The bases of social power in D cartwright (ed.) studies in social power an arbor [J]. MI: institute for social research, 1959.

[35] BASS B M. Theory, research and managerial applications [M]. New York: Bass & Stogdill's Handbook of Leadership, 1990, 634 - 657.

[36] YUKL G A, FALBE C M. The importance of different power sources in downward and lateral relations [J]. Journal of applied psychology, 1991 (76): 416 - 413.

[37] HINKIN T R, SCHRIESHEIM C A. Development and application of new scales to measure the bases of social power [J]. Journal of applied psychology, 1959 (74): 561 –567.

[38] HICKSON D J, HININGS C R, LEE C A, et al. A strategic contingencies' theory of inter – organizational power [J]. Administrative science quarterly, 1971 (16): 216 –227.

[39] FIZEL J L, LOUIE K K T. CEO retention, firm performance and corporate governance [J]. Managerial and decision economics, 1990 (11): 167 –176.

[40] RABE W F. Managerial power [J]. California management review, 1962, 4 (3): 31 –39.

[41] CRYSTAL G. In search of excess. The over – compensation of American executives [D]. New York: Norton, 1991.

[42] MURRAY E A. Strategic choice as a negotiated outcome [J]. Management science, 1978 (24): 960 –972.

[43] MILES R E, SNOW C C, MEYER A D. Organizational strategy, structure, and process [J]. Academy of management review, 1978, 3 (3): 546 –562.

[44] ALLISON G T, ZELIKOW P. Essence of decision: explaining the Cuban missile crisis [M]. Boston: Little, Brown, 1971.

[45] BRASS D J. Being in the right place: A structural analysis of individual influence in an organization [J]. Administrative science quarterly, 1984, (29): 518 –539.

[46] ZALD M N. The power and functions of boards of directors: a theoretical synthesis [J]. American journal of sociology, 1969, 75 (1): 97 –111.

[47] CROZIER M. The bureaucratic phenomenon [M]. Chi-

cago: University of Chicago Press, 1964.

[48] YETTON P, BOTTGER P. Individual versus group problem – solving: an empirical test of a best member strategy [J]. Organizational behavior and human performance, 1982 (29): 307 –321.

[49] DALTON G W, BARNES L B, ZALEZNIK A. The distribution of authority in formal organizations [M]. Harvard University, division of research, graduate school of business administration, 1968.

[50] SCOTT W R, MEYER J W. The organization of societal sectors [M]. // MEYER J W, SCOTT W R. Organizational environments: ritual and rationality. Beverly Hills: Sage Publication, 1983.

[51] TUSHMAN M L, ROMANELLI E. Uncertainty, social location and difference in decision making [J]. Management science, 1983 (28): 12 –23.

[52] GALBRAITH J. Designing complex organizations [M]. MA: Addision – Wesley, 1973.

[53] KRISHNAN H A, PARK D. Effects of top management team change on performance in downsized US companies [J]. Management international review, 1998, 38 (4), 303 –319.

[54] MCGUIRE J W, CHIU J S Y, ELBING A O. Executive incomes, sales and profits [J]. The American economic review, 1962 (7): 753 –761.

[55] MURPHY K J. Corporate performance and managerial remuneration an empirical analysis [J]. Journal of accounting and economics, 1985 (7): 11 –42.

[56] 李增泉．激励机制与企业绩效——一项基于上市公司的实证研究［J］．会计研究，2000（1）：24－30.

[57] 朱红军．大股东变更与高级管理人员更换经营业绩的作用［J］．会计研究，2002（9）：31－41.

[58] 谌新民，刘善敏．上市公司经营者报酬结构性差异的实证研究［J］．经济研究，2003（8）：55－63.

[59] 杜胜利，翟艳玲．总经理年度报酬决定因素的实证分析——以我国上市公司为例［J］．管理世界，2005（8）：144－120.

[60] 赵震宇，杨之曙，白重恩．影响中国上市公司高管层变更的因素分析与实证检验［J］．金融研究，2007（8）：76－89.

[61] 吴文峰，吴冲锋，刘晓薇．中国民营上市公司高管的政府背景与公司价值［J］．经济研究，2008（7）：130－141.

[62] 林浚清，黄祖辉，孙永祥．高管团队内薪酬差距、公司绩效和治理结构［J］．经济研究，2003（4）：31－40.

[63] 辛清泉，林斌，王彦超．政府控制、经理薪酬与资本投资［J］．经济研究，2007（8）：111－122.

[64] 吕长江，赵宇恒．国有企业管理者激励效应研究——基于管理者权力的解释［J］．管理世界，2008（11）：99－110.

[65] 江伟．负债的代理成本与管理层薪酬——基于中国上市公司的实证分析［J］．经济科学，2008（4）：110－123.

[66] 魏刚．高级管理层激励与上市公司经营绩效［J］．经济研究，2000（3）：32－39.

[67] 于东智，谷立日．上市公司管理层持股的激励效用及影响因素［J］．经济理论与经济管理，2001（9）：24－30.

[68] 王华，黄之骏．经营者股权激励董事会组成与企业价

值——基于内生性视角的经验分析 [J]. 管理世界, 2006 (9): 101 - 116.

[69] 胡铭. 上市公司高层经理与经营绩效的实证分析 [J]. 财贸经济, 2003 (4): 59 - 62.

[70] 高雷, 宋顺林. 高管人员持股与企业绩效——基于上市公司 2000 - 2004 年面板数据的经验证据 [J]. 财经研究, 2007 (3): 134 - 143.

[71] 唐清泉, 朱瑞华, 甄丽明. 我国高管人员报酬激励制度的有效性——基于沪深上市公司的实证研究 [J]. 当代经济管理, 2008, 30 (2): 59 - 65.

[72] 邱茜. 中国上市公司高管薪酬激励研究 [M]. 济南: 山东大学出版社, 2013 : 6 - 7.

[73] MANKIEW N G. Principles of economics [M]. 6th ed. Mason, OH: South - Western, Cengage Learning, 2011.

[74] SHAPIRO C, STIGLITZ J E. Equilibrium unemployment as a worker discipline device [J]. American economic review, 1984, 74 (5): 433 - 444.

[75] MAIN B G M, O'REILLY C A, WADE J. Top executive pay: tournaments or teamwork? [J]. Managerial and decision economics, 1991, 12 (3): 219 - 229.

[76] SORENSEN A B. Firms wages and incentives [M]. // SEMELSER N J, SWEDBERG R. The handbook of economic sociology. Princeton: Princeton University Press, 1994.

[77] PRENDARGAST C. The provision of incentives in firms [J]. Journal of economic literature, 1999 (37): 7 - 63.

[78] THOMAS R S. Should directors reduce executive pay? [J]. Hastings L. J. , 2003, 54 (01): 437 - 469.

[79] Becker G S. Investment in human capital: a theoretical analysis [J]. Journal of political economy, 1962 (70): 9 - 49.

[80] MINCER J. Schooling, experience, and earning [M]. New York: Columbia University Press, 1974.

[81] AOKI M. Towards and economic model of the Japanese firm [J]. Journal of economic literature, 1990, 28 (1): 1 - 27.

[82] CLARK R L, OGAWA N. Employment tenure and earnings profiles in Japan and the United States: comment [J]. American economic review, 1992, 82 (1): 336 - 345.

[83] RICKETTS M. The Economics of business enterprise: an introduction to economic organization and the theory of the firm [M]. 3rd ed. London: Routledge, 2003.

[84] CLINCH G. Employee compensation and firms' research and development activity [J]. Journal of accounting research, 1991 (29): 59 - 78.

[85] STEPHENSON C. Leveraging diversity to maximum advantage: the business case for appointing more women to boards [J]. Ivey business journal, 2004 (69): 1 - 5.

[86] KOZAN J, BOULANGER C. Managing the complex relationship between executive pay and performance [J]. Ivey business journal, 2004 (68): 1 - 8.

[87] CISCEL D, CARROLL T. The determinants of executive salaries: an econometric survey [J]. Review of economics and statistics, 1980 (62): 7 - 13.

[88] LEWELLEN W G, HUNTSMAN B. Managerial pay and corporate performance [J]. The American economic review, 1970, 60 (4): 710 - 720.

[89] TAUSSING F W, BAKER W S. American corporations and their executives: a statistical inquiry [J]. Quarterly journal of economics, 1925 (3): 1 -51.

[90] BERLE A, MEANS G. The modern corporation and private property [M]. New York: MacMillan, 1932.

[91] JENSEN M C, MECKLING W H. Theory of the firm: managerial behavior, agency costs and ownership structure [J]. Social science electronic publishing, 1976, 3 (4): 305 -360.

[92] BAUMOL W J. On the theory of expansion of the Firm [J]. American economic review, 1962, 52 (5): 1078 -1087.

[93] ROBERTS D R. Executive compensation [M]. New York: Free Press of Glencoe, 1959.

[94] CISCEL D H. Determinants of executive compensation [J]. Southern economic journal, 1974 (40): 613 -617.

[95] MIRRLEES J A. The optimal structure of incentives and authority within an organization [J]. The bell journal of economics, 1976: 105 -131.

[96] GROSSMAN S J, HART O D. Corporate financial structure and managerial incentives [M]. // The economics of information and uncertainty. University of Chicago Press, 1982: 107 -140.

[97] BALKIN D B, MARKMAN G D, GOMEZ - MEJIA L R. Is CEO pay in high - technology firms related to innovation? [J]. Academy of management journal, 2000, 43 (6): 1118 -1129.

[98] ENGEL E, E GORDON, R HAYES. The roles of performance measures and monitoring in annual governance decisions in entrepreneurial firms [J]. Journal of accounting research, 2002 (40): 485 -518.

[99] MURPHY K. Stock based pay in new economy firms [J]. Journal of accounting and economics, 2003 (34): 129 - 147.

[100] MURPHY K J. Chapter 38 Executive compensation [J]. Handbook of labor economics, 1999, 3 (3): 2485 - 2563.

[101] BEATTY R P, ZAJAC E J. Managerial incentives, monitoring, and risk bearing: a study of executive compensation, ownership, and board structure in initial public offerings [J]. Administrative science quarterly, 1994, 39 (2): 313 - 335.

[102] WESTPHAL J D, ZAJAC E J. Substance and symbolism in CEOs' long - term incentive plans [J]. Administrative science quarterly, 1994, 39 (3): 367 - 390.

[103] CORE J, GUAY W. The use of equity grants to manage optimal equity incentive levels [J]. Journal of accounting & economics, 1999, 28 (2): 151 - 184.

[104] DEMSETZ H, LEHN K. The structure of corporate ownership: causes and consequences [J]. Journal of political economy, 1985, 93 (6): 1155 - 1177.

[105] HIMMELBERG C P, Hubbard R G, Palia D. Understanding the determinants of managerial ownership and the link between ownership and performance [J]. Journal of financial economics, 1999, 53 (3): 353 - 384.

[106] BECKER G S. Investment in human capital: a theoretical analysis [J]. Journal of political economy, 1962 (70): 9 - 49.

[107] HARRIS D, HELFAT C. Specificity of CEO human capital and compensation [J]. Strategic management journal, 1997, 18 (11): 895 - 920.

[108] SANDERS W M G, Carpenter M A. Internationalization

and firm governance: the roles of CEO compensation, top team composition, and board structure [J]. Academy of management journal, 1998, 41 (2): 158 -178.

[109] CARPENTER M A, SANDERS G, GREGERSEN H B. Bundling human capital with organizational context: the impact of international assignment experience on multinational firm performance and CEO pay [J]. Academy of management journal, 2001, 44 (3): 493 -511.

[110] SMITH C, WATTS R. The investment opportunity set and corporate financing, dividend, and

Compensation policies [J]. Journal of financial economics, 1992, 32 (2): 263 -292.

[111] HENDERSON A D, FREDRICKSON J W. Information - processing demands as a determinant of CEO compensation [J]. Academy of management journal, 1996, 39 (3): 575 -606.

[112] HOLMSTROM B. Moral hazard and observability [J]. Bell journal of economics, 1979 (10): 74 -91.

[113] FINKELSTEIN S, HAMBRICK D. Strategic leadership: top executive and their effects on organizations [M]. New York: West Publishing Company, 1996.

[114] WESTPHAL J D, ZAJAC E J. Substance and symbolism in CEOs' long - term incentive plans [J]. Administrative science quarterly, 1994, 39 (3): 367 -390.

[115] THORNTON P H, OCASIO W. Institutional logics and the historical contingency of power in organizations: executive succession in the higher education publishing industry, 1958 - 1990 [J]. American journal of sociology, 1999, 105 (3): 801 -843.

[116] BEBCHUK L A, FRIED J M, WALKER D I. Managerial power and rent extraction in the design of executive compensation [J]. University of Chicago law review, 2002, 69 (3): 751 -846.

[117] GOMEZ - MEJIA L R, TOSI H, HINKIN T. Managerial control, performance, and executive compensation [J]. Academy of management journal, 1987, 30 (1): 51 -70.

[118] FINKELSTEIN S, HAMBRICK D C. Chief executive compensation: a study of the intersection of markets and political processes [J]. Strategic management journal, 1989 (10): 121 - 134.

[119] TOSI H L, WERNER S, KATZ J P, et al. How much does performance matter? a meta - analysis of CEO pay studies [J]. Journal of management, 2000, 26 (2): 301 -339.

[120] HILL C W L, PHAN P. CEO tenure as a determinant of CEO's pay [J]. Academy of management journal, 1991, 34 (3): 707 -717.

[121] WADE J B, PORAC J F, POLLOCK T G. Worth, words, and the justification of executive pay [J]. Journal of organizational behavior: the international journal of industrial, occupational and organizational psychology and behavior, 1997, 18 (S1): 641 - 664.

[122] WESTPHAL J D, ZAJAC E J. Defections from the inner circle: social exchange, reciprocity, and the diffusion of board independence in US corporations [J]. Administrative science quarterly, 1997 (42): 161 -183.

[123] 杨洪波．公司治理、管理层权力与公司价值研究 [M]. 北京：经济科学出版社，2011：14 -15.

[124] PENROSE E. The theory of the growth of the firm [M]. Oxford: Oxford University Press, 1959.

[125] 约瑟夫·阿洛伊斯·熊彼特. 经济发展理论 [M]. 何畏，易家祥，译. 北京：商务印书馆，1990.

[126] 约瑟夫·阿洛伊斯·熊彼得. 经济分析史（第一卷）[M]. 朱泱，李宏，译. 北京：商务印书馆，1991.

[127] CASTANIAS R P, HELFAT C E. Managerial and windfall rents in the market for corporate control [J]. Journal of economic behavior & organization, 1992, 18 (2): 153 - 184.

[128] RUMELT R. P. Theory, strategy and entrepreneurship [M]. // TEECE D J. The competitive challenge. Cambridge, MA: Ballinger. 1987.

[129] JENSEN M C, MECKLING W H. Theory of the firm: managerial behavior, agency costs and ownership structure [J]. Journal of financial economics, 1976 (3): 305 - 360.

[130] FAMA E F, JENSEN M C. Separation of ownership and control [J]. The journal of law and economics, 1983, 26 (2): 301 - 325.

[131] ROSENSTEIN S, WYATT J G. Outside directors, board independence, and shareholder wealth [J]. Journal of financial economics, 1990, 26 (2): 175 - 191.

[132] WEISBACH M S. Outside directors and CEO turnover [J]. Journal of financial economics, 1988, (20): 431 - 460.

[133] BOYD B K. Board control and CEO compensation [J]. Strategic management journal, 1994, 15 (5) : 335 - 344.

[134] BEBCHUK L, FRIED J. Executive compensation as an agency problem [J]. Journal of economics perspective, 2003, 17

(3): 71-92.

[135] GRINSTEIN Y, HRIBAR P. CEO compensation and incentive: evidence from M&A bonuses [J]. Journal of financial economics, 2004, 73 (1): 119-143.

[136] RYAN H E, WIGGINS R A. Who is in whose pocket? director compensation, board independence, and barriers to effective monitoring [J]. Journal of financial economics, 2004, 73 (3): 497-524.

[137] JACKSON S, LOPEZ T, REITENGA A. Accounting fundamental and CEO bonus compensation [J]. Journal of accounting and public policy, 2008 (27): 374-393.

[138] FAHLENBRACH R. Shareholder rights, boards, and CEO compensation [J]. Review of finance, 2009, 13 (1): 81-113.

[139] 赵纯祥. 管理者权力与企业投资研究 [M]. 武汉: 中国地质大学出版社, 2013: 11.

[140] 龙娟, 陈榜. 市场竞争度、公司治理与高管薪酬——基于中国A股上市公司的经验证据 [J]. 中南财经政法大学研究生学报, 2011 (1): 10-15.

[141] 权小锋, 吴世农, 文芳. 管理层权力、私有收益与薪酬操纵 [J]. 经济研究, 2010 (11): 73-87.

[142] 方军雄. 高管权力与企业薪酬变动的非对称性 [J]. 经济研究, 2011 (4): 107-120.

[143] DRUCKER W R. The management of trauma: imperatives for hospital cost containment [J]. Bulletin of the American college of surgeons, 1984, 69 (10): 12-19.

[144] JENSEN M C, Murphy K J. Performance pay and top

management incentives [J]. Journal of political economy, 1990, 98 (2), 225 -264.

[145] LEE J. Executive performance - based remuneration, performance change and board structure [J]. The international journal of accounting, 2009, 44 (2): 138 -162.

[146] HARRIS M, RAVIV A. Optimal incentive contracts with imperfect information [J]. Journal of economic theory, 1979, 20 (2): 231 -259.

[147] AMIHUD Y, LEV B. Risk reduction as a managerial motive for conglomerate mergers [J]. Bell journal of economics, 1981 (12): 605 -617.

[148] GROSSMAN S J, HART O D. An analysis of the principal agent problem [J]. Econometrica, 1983 (51): 45 -77.

[149] HIRSHLEIFER D, SUH Y. Risk, managerial effort, and project choice [J]. Journal of financial intermediation, 1992, 2 (2): 308 -345.

[150] MILLER, D. J. CEO salary increases may be rational after all: referents and contracts in CEO pay [J]. Academy of management journal, 1995, 38 (5): 1361 -1385.

[151] 耿明斋. 高管薪酬与公司业绩关系的实证分析与对策思考 [J]. 经济体制改革, 2004 (1): 109 -112.

[152] 张晖明, 陈志广. 高级管理人员激励与企业绩效——以沪市上市公司为样本的实证研究 [J]. 世界经济文汇, 2002 (4): 29 -37.

[153] 胡婉丽, 汤书昆, 肖向兵. 上市公司高管薪酬和企业业绩关系研究 [J]. 运筹与管理, 2004, 13 (6): 118 -123.

[154] 张俊瑞, 赵进文, 张建. 高级管理层激励与上市公

司经营绩效相关性的实证分析［J］. 会计研究，2003（09）：29－34.

［155］杜兴强，王丽华. 高层管理当局薪酬与上市公司业绩的相关性实证研究［J］. 会计研究，2007（1）：58－65.

［156］杨青，黄彤. 中国上市公司 CEO 薪酬存在激励后效吗？［J］. 金融研究，2010（1）：167－185.

［157］卢锐，柳建华，许宁. 内部控制、产权与高管薪酬业绩敏感性［J］. 会计研究，2011（10）：42－48.

［158］李兴江，何晓艳. 经营绩效、资本结构与民营上市公司高管薪酬——基于面板数据的实证分析［J］. 西北师大学报（社会科学版），2013（5）：123－128.

［159］鲁海帆. 高管团队内薪酬差距、风险与公司业绩——基于锦标赛理论的实证研究［J］. 经济管理，2011（12）：93－99.

［160］张顺. 管理团队薪酬差距与公司治理、产品市场竞争［D］. 西安交通大学博士学位论文，2007.

［161］SMITH A. Wealth of nations［M］. New York：Modern Library，1776.

［162］MARSHALL A，MARSHALL M P. The economics of industry［M］. Bristol：Thoemmes Press，1879.

［163］CHAMBERLIN E H. The theory of monopolistic competition［M］. Cambridge，MA：Harvard University Press，1933.

［164］罗宾逊. 不完全竞争经济学［M］. 陈良壁，译. 北京：商务印书馆，1961.

［165］BAIN J S. Industrial organization［M］. New York：Wiley，1959.

［166］黄蕾. 产品市场竞争、公司治理与企业技术创新

[M]. 北京：经济科学出版社，2011：25.

[167] 王忠宏 . 竞争理论比较及其对我国反垄断的启示 [J]. 经济评论，2003（1）：72 –75.

[168] 李悦，李平 . 产业经济学 [M]. 大连：东北财经大学出版社，2002：227.

[169] GALBRAITH J K. American capitalism: the concept of countervailing power [M]. Harmondsworth : Houghton Mifflin/Sentry, 1952.

[170] 高鸿业 . 西方经济学：第四版 [M]. 北京：中国人民大学出版社，2007：184.

[171] LYANDRES E. Capital structure and interaction among firms in output markets: theory and evidence [J]. The journal of business, 2006, 79 (5): 2381 –2422.

[172] BOONE J, GRIFFITH R, HARRISON R. Measuring competition [C]. Encore meeting, 2004.

[173] KIM E H, LU Y. CEO ownership and valuation [D]. Ann Arbor: University of Michigan, 2009.

[174] JANUSZEWSKI S I, KE J, WINTER J K. Product market competition, corporate governance and firm performance: an empirical analysis for Germany [J]. Research in economics, 2002, 56 (3): 299 –332.

[175] GROSFELD I, TRESSEL T. Competition and corporate governance: substitutes or compliments? evidence from the Warsaw Stock Exchange [R]. William Davidson Institute at the University of Michigan, 2001.

[176] JB NIU, FS RAN. Product market competition and corporate governance: complementary or substitute [G]. International

conference, 2005.

[177] 牛建波，李胜楠．产品市场竞争对董事会治理效果影响的研究 [J]. 山西财经大学学报，2008 (7): 69-75.

[178] 贺炎林，詹原瑞．产品市场竞争对财务杠杆的影响 [J]. 西北农林科技大学学报（社会科学版），2006 (3): 79-84.

[179] 钟田丽，范宇．上市公司产品市场竞争程度与财务杠杆的选择 [J]. 会计研究，2004 (6): 73-77.

[180] 谢嗣剩，黄开奇．债务融资与产品市场竞争的关系研究——基于道琼斯中国 88 指数成份股的实证分析 [J]. 经济分析，2008 (5): 62-64.

[181] NICKELL S J. Competition and corporate performance [J]. Journal of political economy, 1996, 104 (4): 724-746.

[182] 李青原，陈晓，王永梅．产品市场竞争、资产专用性与资本结构 [J]. 金融研究，2007 (4): 100-113.

[183] 刘志彪，姜付秀，卢二坡．资本结构与产品市场竞争 [J]. 经济研究，2003 (7): 60-67.

[184] 姜付秀，刘志彪．行业特征、资本结构与产品市场竞争 [J]. 管理世界，2005 (10): 74-81.

[185] 宋增基，李春红，卢溢洪．董事会治理、产品市场竞争与公司绩效：理论分析与实证研究 [J]. 企业管理，2009 (9): 120-128.

[186] 胡小文，郑江淮，高彦彦．资产专用性、产品市场竞争与资本结构 [J]. 产业经济研究，2009 (4): 20-28.

[187] HOLMSTROM B. Moral hazard in teams [J]. Bell journal of economics, 1982, 13 (3): 324-340.

[188] SCHARFSTEIN D. Product-market competition and

managerial slack [J]. Rand journal of economics , 1988 (19): 147 - 155.

[189] BAKER G, GIBBONS R, MURPHY K J. Relational contracts and the theory of the firm [J]. The quarterly journal of economics, 2002, 117 (1): 39 - 84.

[190] CASADESUS - MASANELL R, SPULBER D F. The fable of fisher body [J]. The journal of law and economics, 2000, 43 (1): 67 - 104.

[191] TELSER T. Cutthroat competition and the long purse [J]. Journal of law and economics, 1996 (9): 259 - 277.

[192] BRANDER J A, LEWIS T R. Oligopoly and financial structure: the limited liability effect [J]. The American economic review, 1986, 76 (5): 956 - 970.

[193] FERSHTMAN C, JUDD K L. Equilibrium incentives in oligopoly [J]. American economic review, 1987 (77): 927 - 940.

[194] PANUNZI F. Managerial slack and the efficiency of organizations under competitive pressure [J]. Economic notes siena, 1994 (23): 338.

[195] VICKERS J. Delegation and the theory of the firm [J]. Economic journal, 1985 (95): 138 - 147.

[196] NICKELL S, NICOLITSAS D, Dryden N. What makes firms perform well? [J]. Cep discussion papers, 1996, 41 (3 - 5): 783 - 796.

[197] HAY D A, LIU G S. The efficiency of firms: what difference does competition make? [J]. The economic journal, 1997, 107 (442): 597 - 617.

[198] DEFOND M L, PARK C W. The effect of competition on

CEO turnover [J]. Journal of accounting and economics, 1999, 27 (1): 35 –56.

[199] FEE C E, HADLOCK C J. Management turnover and product market competition: empirical evidence from the US newspaper industry [J]. The journal of business, 2000, 73 (2): 205 –243.

[200] KEDIA S. Product – market competition and top management compensation [D]. Harvard Business School working paper. 1998.

[201] HUBBARD R, PALIA D. Executive pay and performance: evidence from the U. S. banking industry [J]. Journal of financial economics, 1995 (38): 105 –130.

[202] KOLE S, LEHN K. Deregulation and the adaptation of governance structure: the case of the U. S. airline industry [J]. Journal of financial economics, 1999 (52): 79 –117.

[203] RAITH M. Competition, risk and managerial incentives [J]. American economic review, 2003, 93 (4): 1425 –1436.

[204] LA PORTA R, LOPEZ – DE – SILANES F, SHLEIFER A. Corporate ownership around the world [J]. Journal of finance, 1999 (54): 471 –517.

[205] SHLEIFER A, VISHNY R W A. Survey of corporate governance [J]. Journal of finance, 1997 (52): 737 –783.

[206] DEANGELO H, DEANGELO L. Controlling stockholders and the disciplinary role of corporate payout policy: a study of the Times Mirror Company [J]. Journal of financial economics, 2000 (56): 153 –207.

[207] ANDERSON S M, REEB D. Board characteristics, ac-

counting report integrity, and the cost of debt [J]. Journal of accounting and economics, 2004 (37): 315 -342.

[208] KOLE S. The complexity of compensation contracts [J]. Journal of financial economics, 1997 (43): 79 -104,

[209] SANTERRE R, NEUN S. Stock dispersion and executive compensation [J]. The review of economics and statistics, 1986 (88): 685 -687.

[210] ANDERSON S M, REEB D. Board characteristics, accounting report integrity, and the cost of debt [J]. Journal of accounting and economics, 2004 (37): 315 -342.

[211] GERSICK K E, DAVIS J A, HAMPTON M, et al. Generation to generation: life cycles of the family business [M]. Boston, MA: Harvard Business School Press. 1997.

[212] FIRTH M, FUNG P M Y, RUI O M. How ownership and corporate governance influence chief executive pay in China's listed firms [J]. Journal of business research, 2007 (60): 776 -785.

[213] FACCIO M, LANG L H P, YOUNG L. Dividends and expropriation [J]. The American economic review, 2001 (91): 54 -78.

[214] CHENG S, FIRTH M. Ownership, corporate governance and top management pay in Hong Kong [J]. Corporate governance: an international review, 2005 (13): 291 -302.

[215] KLAPPER L, CLAESSENS S, DJANKOV S. Resolution of corporate distress: evidence from East Asia's financial crisis [M]. The World Bank, 1999.

[216] SUN Q, TONG W. China share issue privatization: the extent of its success [J]. Journal of finance and economics, 2003

(70): 183 -222.

[217] 林毅夫，蔡昉，李周．充分信息与国有企业改革[M]．上海：上海人民出版社，1997.

[218] 刘芍佳，李骥．超产权论与企业绩效 [J]．经济研究，1998 (8): 3 -12.

[219] JEFFERSON G H, RAVSKI T G, Y X ZHENG. Growth, efficiency, and convergence in China's state and collective industry [J]. Economic development and cultural change, 1992, 40 (2): 329 -366.

[220] 周亚安，赵晓男．地方政府竞争模式研究——构建地方政府间良性竞争秩序的理论和政策分析 [J]．管理世界，2002 (12): 52 -61.

[221] QIAN YINGYI, BARRY R. Weingast, federalism as a Commitment to preserving market incentives [J]. Journal of economic perspectives, 1997, 11 (4): 83 -92.

[222] 张维迎，栗树和．地区间竞争与中国国有企业的民营化 [J]．经济研究，1998 (12): 13 -22.

[223] 王国生．转型时期地方政府面临的制度环境及其市场地位分析 [J]．南京社会科学，1999 (11): 9 -14.

[224] MASKIN E, QIAN Y, C XU. Incentives, information and organizational form [J]. Review of economic studies, 2000 (67): 359 -378.

[225] 白重恩，杜颖娟，陶志刚，等．地方保护主义及产业地区集中度的决定因素和变动趋势 [J]．经济研究，2004 (4): 29 -40.

[226] 杨瑞龙，周亚安，张玉仁．国有企业双层分配合约下的效率工资假说及其检验 [J]．管理世界，1998 (1): 29 -

40.

[227] 林毅夫，刘培林．中国的经济发展战略与地区收入差距［J］．经济研究，2003（3）：19－25.

[228] 何梦笔．政府竞争：大国体制转型理论的分析范式［J］．广东商学院学报，2009（3）：4－21.

[229] 高鹤．基于财政分权和地方政府行为的转型分析框架［J］．改革，2004（4）：39－44.

[230] JIAN T, SACHS J D, WARNER A M. Trends in regional inequality in China [C]. NBER Working Paper, No. W5412, 1996.

[231] GELB A, GARY J, INDERJIT S. Can communist economies transform incrementally? the experience of China [C] // National Bureau of Economic Research Macroeconomics Annual, Cambridge, Massachusetts: MIT Press. 1993.

[232] Jones D C, Cheng L, Owen A L. Growth and regional inequality in China during the reform era [J]. China economic review, 2003, 14 (2): 186－200.

[233] WORLD BANK. The Chinese economy: controlling inflation, deepening reform [C]. Washington D. C. : The World Bank Publication, 1996.

[234] 樊纲．渐进式改革中的国有企业［M］．上海：上海远东出版社，1996.

[235] 张春霖．存在道德风险的委托代理关系——理论分析及其应用中的问题［J］．经济研究，1995（8）：3－8.

[236] BOYD B K. Board control and CEO compensation [J]. Strategic management journal, 1994, 15 (5): 335－344.

[237] HALLOCK, KEVIN F. Reciprocally interlocking boards

of directors and executive compensation [J]. Journal of financial and quantitative analysis, 1997, 32 (3): 331 – 344.

[238] 高文亮，罗宏，程培先．管理层权力与高管薪酬粘性 [J]. 经济经纬，2011 (6): 82 – 86.

[239] 刘文华，任利成．高管薪酬与企业绩效的相关性——以信息技术行业上市公司为例 [J]. 技术经济，2012，31 (11): 96 – 103.

[240] 方军雄．中国上市公司高管的薪酬存在粘性吗？[J]. 经济研究，2009 (3): 110 – 124.

[241] 宋常，黄蕾，钟震．产品市场竞争、董事会结构与公司绩效：基于中国上市公司的实证分析 [J]. 审计研究，2008 (5): 55 – 60.

[242] 陈震，汪静．产品市场竞争、管理层权力与高管薪酬——规模敏感性 [J]. 中南财经政法大学学报，2014 (4): 135 – 160.

[243] COASE R H. The nature of the firm, economics (NS), 1937, 4 (11): 386 – 405.

[244] 周仁俊，杨战兵，李勇．管理层薪酬结构的激励效果研究 [J]. 中国管理科学，2011 (1): 185 – 192.

[245] 刘星，徐光伟．政府管制，管理层权力与国企高管薪酬刚性 [J]. 经济科学，2012，1: 86 – 102.

[246] 卢锐．管理层权力，薪酬差距与绩效 [J]. 南方经济，2007，7: 60 – 70.

[247] 徐大伟，蔡锐，徐鸣雷．管理层持股比例与公司绩效关系的实证研究：基于中国上市公司的 MBO [J]. 管理科学，2008，18 (4): 40 – 47.

[248] 谭云清，朱荣林，韩忠雪．产品市场竞争，经理报酬

与公司绩效：来自中国上市公司的证据［J］. 管理评论，2008，20（2）：58－62.

［249］HALEBLIAN J，FINKELSTEIN S. Top management team size，CEO dominance，and firm performance：the moderating roles of environmental turbulence and discretion［J］. Academy of management journal，1993，36（4）：844－863.

［250］WILLIAMSON O E. Managerial discretion and business behavior［J］. The American economic review，1963：1032－1057.

［251］MCCONNELL J J，SERVAES H. Additional evidence on equity ownership and corporate value［J］. Journal of financial economics，1990，27（2）：595－612.

［252］CHUNG K H，PRUITT S W. Executive ownership，corporate value，and executive compensation：a unifying framework［J］. Journal of banking and finance，1996（20）：1135－1159.

［253］BARNHART S W，ROSENSTEIN S. Board composition，managerial ownership，and firm performance：an empirical analysis［J］. Financial review，1998，33（4）：1－16.

［254］ADAMS R B，ALMEIDA H，FERREIRA D. Powerful CEOs and their impact on corporate performance［J］. Review of financial studies，2005，18（4）：1403－1432.

［255］权小锋，吴世农. CEO权力强度、信息披露质量与公司业绩的波动性：基于深交所上市企业的实证研究［J］. 南开管理评论，2010，13（4）：142－153.

［256］BEBCHUK L，M CREMERS，U PEYER. CEO centrality［J］. Journal of financial economics，forthcoming，2011.

［257］SCHMIDT KLAUS M. Managerial incentives and product market competition［J］. Review of economic studies，1997，64

(2): 191 -213.

[258] Leibenstein H. Allocative efficiency vs x - efficiency [J]. The American economic review, 1966, 56 (3): 392 -415.

[259] JAGANNATHAN R, SRINIVASAN S B. Does product market competition reduce agency costs? [J]. The north American journal of economics and finance, 1999, 10 (2): 387 -399.

[260] WANG K M, WANG Z C. CEO power, compensation and English management - empirical evidence of Chinese listed companies [J]. Management world, 2007 (7): 111 -119.

[261] XU D W, CAI Y. Management shareholding and corporate performance: evidence of Chinese listed companies [J]. Management science, 2008, 18 (4): 40 -47.

[262] HANIFFA R M, COOKE T E. The impact of culture and governance on corporate social reporting [J]. Journal of accounting and public policy, 2005 (24): 391 -430.

[263] Griffin J J, Mahon J F. The corporate social performance and corporate financial performance debate: twenty - five years of incomparable research [J]. Business & society, 1997, 36 (1): 5 - 31.

[264] MAM Kabajeh, Nu'aimat DS, Dahmash D F. The relationship between the ROA, ROE and ROI ratios with Jordanian Insurance Public Companies Market Share Prices [J]. International journal of humanities and social science, 2012, 2 (11): 115 -120.

[265] ROSEN S. Prizes and incentives in elimination tournaments [J]. American economic review, 1986, 76 (4): 701 -715.

[266] AGHION P, DEWATRIPONT M R. Competition, financial discipline and growth [J]. Review of economic studies, 1999,

66 (4): 825 - 852.

[267] 刘凤委，孙铮，李增泉. 政府干预、行业竞争与薪酬契约——来自国有上市公司的经验证据 [J]. 管理世界，2007 (9): 76 - 84.

[268] LA PORTA R, LOPEZ - DE - SILANES F, SHLEIFER A, et al. Agency problems and dividend policies around the world [J]. Journal of finance, 2000, 55 (1): 1 - 33.

[269] 易林. 产权性质、管理层权力与现金股利政策 [J]. 管理学家学术版，2013 (2): 33 - 44.

[270] 吴作凤. 管理层权力、产权性质与股权激励契约设计 [J]. 财经理论与实践双月刊，2014，(11): 53 - 58.

[271] 傅颀，汪祥耀. 所有权性质、高管货币薪酬与在职消费——基于管理层权力的视角 [J]. 中国工业经济，2013 (12): 104 - 116.